新・熱き祈祷のすすめ

松本雄司

光言社

はじめに

皆様の中で、「祈りが苦手だ」と感じている人はいないでしょうか。信仰生活を始めて間もない方はもちろんですが、長い間信仰をもっている方でも、「実は苦手で困っている」と率直な悩みを打ち明ける方も少なくありません。

祈らねばならないと思う、祈りを勝利したい、……けれども、どうもうまくいかない――というのが誰しもの切実な悩みです。実は、ほかならぬ私自身が、祈りの苦手な一人でしたし、今でも苦手であることに変わりはありません。ただ、以前と違う点は、祈りの重要性とその偉大な力を実感として知るようになったということです。

一九六七年、人生の問題に悩み道を求めてきた末に、私は「統一原理」に触れることができました。それから九年間、他の信徒と同じように、日常の祈りや祈祷会などを行ってきました。しかし、本当の意味で「祈りを勝利した！」という実感はありませんでした。いつしかマンネリ化し、活動に忙しく追われるのみだったのです。

そんな中で、一九七六年、初めて本気で祈祷と取り組む決意をしました。生涯の中で、いつか一度は真正面から取り組まなければならない課題だと痛感したのです。丸一年かけて、全力投入して祈祷と取り組みました。闘いは決して容易なものではありませんでした。しかし、その結果、私が得た恩恵は、あまりに貴く、大きなものであったことを忘れることができません。

全国牧会者修練会で、その経験を証《あか》ししたのがきっかけとなって、各地で証しを頼まれるようになり、やがてそれらを体系的にまとめて、「実践的祈祷学」として講義をすることになりました。その内容を光言社が本にしてくださり、『熱き祈祷のすすめ』として出版されたのが一九八七年のことでした。

以後、多くの方々がこの本を読んでくださり、祈りに取り組む時の〝親しき友〟にしてくださったことを、神様に深く感謝しています。地方に行くたびに、兄弟姉妹から、「あの本を何十回も読みながら祈祷に取り組みました」、「あの本に出会ったおかげで、こうして生き残っています」というようなお話を聞くのは、思いもかけない光栄なことでありました。

初版から二十年ほどの歳月が流れ、絶版になってからも久しいのですが、行く先々で、「あの本はもうないのですか？」と聞かれることが多く、天のみ意《こころ》ならば、またいつか復刊できますようにと祈っておりました。このたび、新たな内容も加え、光言社の新版として復刊できることになり、感謝に堪えません。

新版の発行に当たり、引用のみ言《ことば》を補充するとともに、大幅に加筆修正いたしました。特に、この間、天の摂理は大きく進展し、祈祷の仕方も大きく変わりましたので、新時代に即するため、第九章「新しい時代の祈り」を加筆しました。また、祝福家庭が増えて祝福二世の数も一世をしのぐほどになってまいりました。よく御夫婦から「子女にどのように祈りを教えたらよいか」という質問を受けますので、そのニーズにおこたえするために、第十章「子女への祈祷教育の仕方」を付け加えました。

本書が、信仰の道を踏み出した若き青年にとって、神様との交流の扉を開くための助けとなり、また、家庭をもって子女に祈りを教えようとする御夫婦にとって、少しでも参考になれば幸いです。
皆様の御家庭に神様の恩寵《おんちょう》が限りなくあらんことをお祈りいたします。

二〇〇六年九月二十三日

松本雄司

新・熱き祈祷のすすめ・目次

第四章　祈る内容

第五章　祈りの実践

第六章　祈りの恵沢

第七章　深い祈り

第十章　子女への祈祷教育の仕方

第一章　祈り

1　祈りとは何か

私たちが祈りに取り組み、勝利するためには、祈りの意義や価値など、祈りについての基本的な事柄をもう一度確認する必要があります。さらには、どのようにして祈りに取り組み、どのように闘って突破口を開いていくのかという具体的な指針が必要です。そういう観点から、いくつかの項目に分けて、これから一緒に学んでまいりましょう。

祈りとは、一言でいえば「神様との対話」です。天地を創造された親なる神に対して、子である私たちが、神に通じようとして対話を求めていく行為をいいます。

2　祈ることの価値

「祈りの勇者」ともいわれた、『祈りによる力』の著者、E・M・バウンズ牧師（一八三五―一九一三）の言葉を借りれば、祈りとは「人間のなし得る最高の業」と言うことができます。人間は動物にはできない、いろいろなことができるわけですが、無形なる天地創造の親なる神と直接、意思を交わし合い、心情を交わし合うことのできる特権と能力は、人間にのみ与えられたものです。そのように考えると、まさしくこのバウンズの言葉は、味わい深いものです。

3　祈りの目的

祈りの目的は何か、なぜ私たちには祈りが必要なのだろうか、ということです。この点について、文鮮明《ムンソンミョン》先生はこう言われています。

あなた方は自分の足りなさ、弱さを知っていますね。だからあなた方には祈りが必要なのです。誰かに尋ねなければならないのです。（「祈祷の重要性」一九七九年四月十五日、ベルベディアにて）

最も大切なことは、あなた方が自分で祈りの必要性を感じることです。あなた方は、おなかがすけば食べたくなります。同様に、もし祈らなければ落ち着かないというくらい、祈りの必要性を感じなければなりません。そのような衝動と祈る必要性を何度も感じたときに、あなたは意義深い祈りを体験することができます。（前掲）

①祈りは宗教の本質

祈りのない信仰生活はあり得ません。『祈りの精神』の著者で有名な英国の神学者、P・T・フォーサイス（一八四八―一九二一）は、「宗教であることは祈ることであり、悪しき祈りは誤った宗教であり、祈らないことは無宗教である」と、あえて言い切っています。まさしく至言です。

私たちの身の回りには、たくさんの宗教があります。神道であれば祈願をしたり、祝詞《のりと》をあげたりします。「生長の家」でも神想観というものがあります。仏教では、座禅を組んで瞑想《めいそう》したり、題目や念仏を唱えたりします。また、イスラームやユダヤ教、キリスト教において、高等な祈りがあるということは、よく御存じのとおりです。どんな宗教にもそれなりの祈りがあり、より高度な宗教はより高度な祈りの形と内容をもっている、ということができます。そういう意味において、宗教の最も宗教たるゆえんとは、一言でいえば、「祈る」ということに尽きるといわれているのです。

宗教団体と似た団体は、たくさんあります。例えば一番良い例として、実践倫理宏正会という全国に二百万の会員をもつ団体があります。「朝起き会」をしている団体ですが、そこで教えている内容や活動を見ると、宗教団体と本当にそっくりです。

では最終的に、宗教と宗教でないもの、あるいは信仰生活とそうでない生活とは、どこが違うのでしょうか。それは、「祈り」があるかないかという一点に尽きます。つまり、神を中心とした生活をするかどうかということなのです。

②信仰生活の三要素

私たちの信仰生活の上で必要不可欠な三要素があります。それは、皆さんも今までよく聞いてこられたように、「祈祷」と「み言《ことば》」と「実践」です。祈ること、み言を学ぶこと、そして実践することは、どれ一つも欠かしてはならず、この三つの中のどれが欠けてもバランスのとれた成長ができなくなってしまう、といわれてきました。

したがって、信仰生活において不可欠な三つの要素の中の一つとして、祈りは非常に重要なものなのです。

③サタンを分別するため

神と私たち人間との関係は、本来は一問一答できるような関係であったにもかかわらず、堕落することによって断絶してしまいました。それだけではなく、さらにやっかいなことには、堕落の結果、サタンと願わざる関係を結んで授受作用し、サタンに主管されながら生きていかなければならなくなってしまったのです。

そのために、私たちの信仰生活においては、今日までの宗教がそうであったように、いかにサタンとの関係を分別し、いかにして本来の親と子という、神と人間との関係を取り戻すか、ということが非常に重要になってくるわけです。そういう意味で、サタンを分別し、サタンとの関係を断つためには、どうしても祈りが必要なのです。この点について文先生はこう言われます。「たくさん祈れば霊的に明るくなるし、善悪に対する分別力と感性が鋭くなる」（『御旨の道』祈祷）。

④神との関係を回復するために

前述のことと関連しますが、失われた神との本来の関係を回復するためには、どうしても祈りが必要です。神は私の親であり、私は神の子であるという心情的な関係を完全に回復し、本来の親と子としての名分と内容を完全に回復していくために歩むのが、私たちの蕩減《とうげん》復帰の生活なのです。神を知らずしては神と一つになることはできません。そして、神を知るとは、神の心情を知るということですから、祈りを抜きにしては考えられません。

私は原理を探求していた時、苦悶《くもん》しながら昼夜祈りました。その中心的祈りは

「神よ、宇宙の出発点はなんですか。あなたの中心原理はなんですか」ということでした。何年もの苦悶の祈りの中で、ついに「宇宙の中心的出発点は父子の関係である」と答えが与えられました。（「祈祷の重要性」一九七九年四月十五日、ベルベディアにて）

⑤神のみ旨成就のために

神の一つ一つの摂理やみ旨は、人間の努力だけでは成就されません。人間の責任分担と、それに神の助け、神の御力《みちから》が加わって初めて、一つの摂理がその目的を果たし、み旨が成就されるのです。その神の御力を引き付ける行為が祈りです。文先生が一九七九年四月十五日、アメリカ、ニューヨーク・ベルベディアで語られた「祈祷の重要性」（「ファミリー」一九七九年六・七月合併号　光言社）というみ言の中に、次のような一節があります。「イエス様や偉大な聖人たちも、祈りがなければ、偉大なことはできなかったのです。祈りによる力、衝撃が歴史をつくったのです」。イエス様や、今日まで歴史を神の側へと導いてきた偉大な聖人たちでさえも、祈りがなければ、その仕事はできなかったといわれるのです。ということはすなわち、神の助けによって、神に主管されることによってこそ、初めてその大きな業をなすことができたのだと受け止めることができます。このことから分かるように、摂理を勝利していくため、み旨を成就させるために、祈りが必要なのです。

⑥自らの霊的成長のために

文先生は「祈りは皆さんが毎日しなければならない霊的な食事のようなものです」と言われます。また「祈りは肉身生活における呼吸と同じである」とも言われます。信仰に目覚めた人の魂が生き続けるために、呼吸が必要だということでしょう。私たちは祈りをし、深いところで神との出会いをなすことができます。そして悔い改めの涙を流す度合いに応じて、私たちの殻を脱ぐことができ、成長を遂げることができるのです。したがって、私たち一人一人の霊的な成長のために、祈りが必要となります。

⑦信仰路程を最後まで歩み抜くために

私たちの歩むみ旨の道は、三年間歩めばもういいとか、五年間で卒業できるというものではありません。言うまでもなく、一生涯かかる道です。その途上では、情の問題や、カイン・アベル問題という人間関係の問題に苦しむこともあります。また、この激しいみ旨の道の中で病気になってしまった時、それでもなお、信仰を全うして、最後まで見事に歩み抜いていくことは、容易なことではありません。そのようないろいろな問題にぶつかった時、それを乗り越えていくためには、相当な努力が必要です。

特に、絶望のどん底に追い込まれた時、あるいは見捨てられたような立場に立った時、すべてを失った孤独感の中で、自分にはこの体一つしかないというところまで追い込まれてしまいます。

「私にはもう何もない。神しかいらっしゃらない」という孤独の絶頂の立場に立つのです。しかしそんな時、「いや私には神がいらっしゃるではないか」と気がつくのです。それが最後の原点になるとすれば、素晴らしいことです。まさしく極限の状態に追い込まれた時にこそ、神と私との絶対的な関係が見えてくるのです。

私自身も、自分の信仰路程の中でそのような体験が一度ならずありました。むしろ孤独のどん底の中で神に出会ったのです。「私には何もない。神しかない。しかし、考えてみれば、この道に献身してきた時も、ただこの身一つをもって裸一貫で、神にすべてをゆだね、神を信じて身を投じてきたのではないか。主が与え、主が取られたのだ」と考えました。そこに至った時、「今までのものがすべて奪われたのは、私により大きな場を与え、より大きな訓練をなさるために、神がそうされたのだ」と、厳しくも深い神の愛をそこに発見して、感謝とともに再出発することができたのです。

このように、信仰の路程を最後まで歩み抜くためにも、祈りは欠くことのできないものです。

最も重要なことは、神との約束です。「はい、私はこの道をどんなことがあっても行きます」と決意しなければなりません。第一に、そういう絶対的誓約がなければ、神は助けることができません。それは祈りの始まりです。（前掲）

⑧神がそれを求めておられるから

最後に、私たちがなぜ祈るのかという、最も素朴でありながら最も大切な理由を考えてみます。それは、神が私たちに祈ることを求めておられるからです。エレミヤ書三十三章三節で、神はこう約束しておられます。「わたしに呼び求めよ、そうすれば、わたしはあなたに答える」。

私たちは案外、信仰的なことだけを神に祈っていることが多く、現実に自分が苦しみ悩んでいる泥臭い問題を、神に相談していない場合があるのです。必ずしも神はそれを喜ばれません。私たちが現実に抱えて葛藤しているどんな問題についても、相談を持ち込んでくれることを、むしろ親なる神は待ち望んでおられるのです。

第二章　祈りの基本原則

1　父母なる神に対して祈る

お祈りをする場合、特別に難しい規則や原則があるわけではありません。最も基本的なことについて述べてみましょう。

お祈りをする時、私たちはまず初めに、「愛なる天の父母様」と祈ります。つまり呼び掛けから始まるのです。私たちが行う祈りは、独り言でも、自問自答でもありません。また瞑想《めいそう》でもなければ思索でもありません。はっきりした主体がいらっしゃるのです。祈りの相手がはっきりしているということです。これが祈りにおける重要な問題です。

漠然とした何かに対してではなく、はっきりと天の父母様を見つめていかなければなりません。今から捧げる自分の言葉、自分の心情は、誰に対して捧げるのかということを明確にして祈らなければいけないのです。そのために、祈り始める時に、「愛なる天の父母様」と呼び掛け、語り掛けるのです。

2　主のみ名によって祈る

祈りの最後には、「主のみ名によってお祈りいたします」、「これらの祈りを尊き真の父母様のみ名によってお祈りいたします」と、メシヤの名によって祈ります。（注：二〇〇一年以降は、「祝福中心家庭〇〇〇〇の名によって、報告いたします。アージュ。」と祈る。第九章参照）このように主のみ名によって祈るということは、どのような意味があるのでしょうか。

堕落してしまった私たちと神との間には、残念ながら溝ができ、隔たりができてしまいました。私たちの罪の深い分だけ、神と私たちを断絶させ、溝ができてしまうのです。そういう意味では、罪とは私たちと神とを隔ててしまうものということができるでしょう。その罪人である私たちが、神に祈りを受け取っていただかなければなりません。その時に、執り成しをしてくださるのが、すなわち救い主、メシヤなのです。

メシヤの執り成しがあればこそ、私たちの祈りが神に受け取られ、より神に喜ばれるものになります。祈りの基礎になっているのは、まさしくメシヤによる執り成しであるといえるのです。そういう意味において、私たちは祈りを締めくくる場合に、メシヤの名によって祈るわけです。

3　最後に「アーメン」と唱える

この「アーメン」というのは、ヘブライ語で「然《しか》り」「まことに」「真実に」という意味です。祈りの終わりにあっては、「しかあれかし」という意味で用います。旧約聖書の中でも、よく会話の中で確信を込めて言う時に用いられたようです。

イエス様もこの言葉をよくお使いになっています。例えば、マタイによる福音書の中に「よくよくあなたがたに言っておく」という言葉がたびたび出てきます。これも「まことに、あなたがたに言っておく」という意味でお使いになっている言葉です。

また私たちは何人かが一緒になった時、誰かが代表してお祈りします。例えば、山田さんなら山田さんが代表してお祈りするとします。そして、その山田さんのお祈りが終わる時に、私たちも一緒に声を合わせて「アーメン」と言います。その時の「アーメン」は、「まことに、今祈祷した山田さんと同じ心情です」という意味なのです。

また一人で神の前に祈る場合も、最後にやはり「アーメン」と締めくくります。その時も、「今、私があなたの前に捧げたお祈りの内容に、間違いございません。正にそのとおりです」という意味で、「アーメン」と確信を込めて、確認するような心情をもって締めくくるのです。これは、キリスト教徒であれば誰でもそうする世界共通の習わしです。

このように、最初に神に呼び掛け、そしてメシヤの名によって祈り、最後に「アーメン」と締めくくる、ということが最低限の祈りの基本でした。（注：二〇〇六年九月十四日より、「アーメン」は「アーヂュ」と唱えることになった。第九章参照）

第三章　祈りの種類

1 〝密室の祈り〟と祈祷会

マタイによる福音書六章六節に、「あなたは祈る時、自分のへやにはいり、戸を閉じて、隠れた所においでになるあなたの父に祈りなさい」とあります。これが〝密室の祈り〟です。一人で天の父に真心をもってお祈りすることは、祈りの基本であり、大切なことです。早朝一人で祈ったり、条件を立てて祈ったり、寝る前に祈ったりする祈りです。

今、この地球上に生きている人類は六十数億といわれています。しかし、神と私の関係、神と一人一人の関係は、たとえ数字的には一対六十数億であったとしても、心情的関係においては、神と人間一人とは絶対の関係なのです。また神もそのように願ってお造りになり、私たちも親に対してそのように願うわけです。

ちょうどそれは、ある家庭に子供が五人いたとすると、親の一人一人の子供に対する愛情は五分の一でないのと同じです。一人の子供に対する親の愛情は絶対的であるし、その子供も親から絶対的愛を受けたいと願うのは当たり前のことです。

神は私たちの永遠の親です。神は、目には見えないけれども間違いなく存在しておられる心情の親であり、「父よ」、「天のお父様」と求めていく親子の関係にあるのです。そのような我と汝《なんじ》、汝と我という絶対的な関係を、神と私との間において確認していくという意味において、この密室の祈りは、私たちにとって絶やすことのできない宝物であり、貴重な親と子の会見の場となります。

また、もう一つの祈りの場は、祈祷会です。二人以上が一緒に祈ると祈祷会になります。もちろん別々のことを祈る場合もありますが、祈祷会の本来の主旨は、ある一つのことを心を合わせて祈るということです。これには、一人で祈る場合とは全く違った意義と価値があります。私たちが神に祈る時に、二人、十人、百人と、より多くの人が集まって神の前に一つのことを願い求める場合には、それだけ神の心をより大きく動かすことができるといえるのです。

　ある家庭に子供が五人いました。最初は一人、一番上の子供が、「お父さん、あのテレビは映りが良くないから、もっと良く見える新しいテレビを買ってよ」と言ってきました。その時は、「お金の都合がついたらね」と適当に答えておきます。翌日、今度は二番目の娘までやって来て、「お父さん、買ってよ。隣もみんなあるんだから」と言います。その時も、「分かったよ、そのうちにね」と何とか逃げることができるわけですが、やがて五人全員がやって来ました。みんなそろって、「お父さん、お願いだから何とかしてよ」と切実に食い下がられると、親としてもう無視はできません。多少無理をしてでも「分かった、お前たちの願いをかなえてあげよう」と、心を動かすのは当たり前のことです。

　これと同じように、子である私たちが一人で祈る場合と、十人が同じ事柄に対して心を合わせて祈る場合、あるいは一万人が祈る場合、一億人が祈る場合とは、それだけ神の心をとらえる度合いが違ってきます。これはごく自然なことです。心を合わせて祈ることが、私たちが神に対して願い事をしていく場合、非常に重要なことなのです。

また、一人で祈る能力がまだ養われていないために、長時間祈ることができない場合、祈祷の友と一緒に祈ることによって励まされ、より力強く祈り続けることができるということも見逃すことはできません。この密室の祈りと祈祷会は、それぞれ意味があり、どちらも大切です。

2　成文祈祷と自由祈祷

マタイによる福音書六章九～十三節には、「主の祈り」があります。「天にいますわれらの父よ、御名《みな》があがめられますように。御国がきますように。みこころが天に行われるとおり、地にも行われますように。わたしたちの日ごとの食物を、きょうもお与えください。わたしたちに負債のある者をゆるしましたように、わたしたちの負債をもおゆるしください。わたしたちを試みに会わせないで、悪しき者からお救いください」

これは皆さんもよく御存じの祈りであり、クリスチャン家庭や教会でよく唱和されます。イエス様が弟子たちに、このように祈りなさいと教えてくださったものです。これ以外にも文章の決まった数多くの祈祷文があり、それをいろいろな集会の時にみんなで唱和するのです。私たちの教会には「家庭教会のための祈り」があります。文鮮明《ムンソンミョン》先生がホーム・チャーチの摂理に当たって教えてくださったものです。

「天のお父様、あなたは私たちの親です。そして、私たちはあなたの子供です。今、あなたの子供である私たちが、家庭教会のために氏族のメシヤとして出掛けますから、どうぞ天使を遣わして私たちを助けてください。真《まこと》の父母が条件を立てられましたので、霊界においては、もはやすべて障壁はなくなりました。それゆえ、天国実現のために、すべての霊人と地上におけるすべての善なる人々が集まって、私たちを協助するようにしてください」

このように、祈る内容、文章が決まっている祈りを成文祈祷といいます。

それに対して、私たちが行う祈祷は、ほとんどが自由祈祷です。祈りの内容が全く自由だということです。自分の思いのたけをそのまま神に伝えていく祈祷です。

3　祈祷と黙祷

祈祷とは、私たちが自分の思いをはっきりと声に出して、神に訴え、語り掛けるということです。また黙祷は、具体的な声には出さずに、自分の念や意思、思いだけで、神に向かって語り掛けていく祈りです。もちろん、黙祷であっても神に意思は通じます。

第四章　祈る内容

1　基本的内容

①告白・悔い改めの祈り

まず祈りに入る時、神に思いを向け、ひたすら神に近づいていく努力をします。その時に感じられることは、自分のあまりの足りなさ、罪深さ、申し訳なさです。まずは自分の胸の中に引っ掛かっている罪と重荷をすべて率直に神の前に告白し、悔い改めの祈りをすることが第一です。

②感謝の祈り

深い悔い改めができた時、「このような申し訳ない、罪深い、足りない者でありながら、なおかつ許され、愛され用いられ、育てられている」という深い神の愛を感じざるを得ません。このような自分をなおも見捨てずに許して、許して、さらにまた許して、何とか天国にまで導いていこうとされる神に対し、限りない感謝の念がわいてくるのです。そのようにして心からの感謝の祈りをします。

③執り成しの祈り

執り成しの祈りとは、私たちが伝道したいと思っている周りの人のために祈ることです。病気になった友人の快復を願って祈ること、また、神の前に友人が犯した罪の赦《ゆる》しを請い求めることでもあります。このように他の人の救いのために祈ることが、執り成しの祈りになります。

祈りの力について、テストしてみたらいいでしょう。一人の人に対して、何も言わずに涙の祈りを続けていけば、目に見えない磁石によって通じることができます。その人はどうして自分がある方向に導かれているか分からないけれども、磁石の力によって引っ張られます。あなた方が心からその人のために疑うことなく祈れば、あなた方に会った時、その人は自然とあなた方の所に来るのです。そういう驚くべき力があるのです。（「祈祷の重要性」一九七九年四月十五日、ベルベディアにて）

④願い求めの祈り

個人や家庭のことから、国や世界のことまで、あらゆることに及びますが、最も自分が願い、求めていることを神に訴えるのが、願い求めの祈りです。

私は一番目に「神よ、私に絶対に変わらない信仰を与えてください」と祈ります。「神よ、私に、一つも信じられないようなことを与えてください。しかし、それでも私はそれを受け、信じ、決して変心いたしません」と。そして、二番目に、「絶対的知恵を与えてください」と祈ります。三番目に、「完全な愛を与えてください」と祈るのです。私は生涯を通して、この三つの目標に対して祈ってきました。そしてすべては満たされ、すべては成されました。それがなければ、私も、国家の境界、人種間の問題を越える力をもっていなかったことでしょう。神によって完全な知恵を与えられたので、原理を発見することができたし、それによって世界というものに対する正しい概念を知ることができました。（前掲）

⑤決意の祈り

このように、神の恵みを得て、再び出発できることを感謝し、「きょう一日（あるいは一週間、一カ月間）、また新たな気持ちで頑張ります」という決意を神に伝えます。

以上のほかに、朝の祈りや夜休む前の祈り、食事の前の祈り、というように、いろいろな意味での祈りがありますが、内容的に見た場合には、以上のような祈りになります。

2　生活の中の祈り

祈りというのは決まりきったものではなく、生活の中の至る所で、自由自在になされるものです。祈りの応用は無限なのです。祈りは台所の片隅でもできます。そこにも神がおられるのです。仕事を始めようとする時にも、祈りをもって始めることは大切です。

①職場の中で

会社に勤めている人であれば、毎日職場に行きます。私たちは、み旨に関係したことをしている時にはやりがいを感じるのですが、どうも普通の仕事をする時には力が出ない、ということが往々にしてあります。確かに、ただ会社に行って仕事をするだけなら、それは単なる仕事にすぎません。しかし、五分でも早く会社に行って、掃除でもして、誰もいない所で一言お祈りするのです。屋上でも、どこでもかまいません。

「神よ、これからきょう一日、六時までこの会社で仕事をさせていただきます。どうかあなたのみ意《こころ》にかない、あなたの栄光を証《あか》すことのできるよう仕事をさせてください。そして、あなたのみ意の方がいるならば、何とかその人を導くためのきっかけを与えてください」

こういうお祈りをして一日を出発すると、もはやその会社での仕事はただの仕事ではなくなり、神がかかわりをもち始めます。神が関与なさるわけです。

②台所で

主婦の立場であっても同じです。教会活動を終えて、五時に家に駆け込んできたとします。御主人が帰ってくる六時半までには、家の中の整理をし、買い物をして食事を準備しておかなければなりません。慌てて買い物に飛び出していくわけですが、しかしその前に、台所の片隅で、たとえ一分でもいいからお祈りをしていくのです。「天のお父様、限られた時間しかありませんが、私に主人や子供を愛する愛情を与えてください。そして主人や子供の喜ぶ食事を作らせてください」。

そうしてスーパーに行くと、最初にパッと目に飛び込んだ物が掘り出し物だったり、準備した食事が「実はきょう、これが食べたかったんだ」と御主人から言われる物だったりします。これが「導かれる」ということなのです。

③車を運転するときに

車の運転をする人であれば、ハンドルを握ったら、アクセルを踏み込む前に、三十秒でもいいからお祈りをします。「天のお父様、これからどこどこの目的地にこういう目的で行きますから、どうか冷静に運転させてください」。ある教会の責任者をしていた時に、みんながこの祈りを習慣づけるようになってから、目に見えて事故が少なくなった体験をしました。

④人と話し合う前に

これから人と会って話をするというとき、そのまま行けばただの話に終わるかもしれません。しかし、その人と話をする前にたとえ数分でも、「これから誰々さんと大事な話をしにまいります。どうぞ私に語るべき言葉を与えてくださり、あなたが導いてください」と祈って行ったならば、それはただの話ではなく、神が導いてくださるのです。

このように、祈りは具体的、現実的なものであり、何も祈祷室の中だけでするものではありません。うれしいことがあった時は、躍り上がって走り回りながら、「天のお父様、本当に良かったですね」と祈ることもできます。また悔し涙を流しながら、「お父様、お父様、申し訳ありません。悔しいです」と、神に心情を寄せながら共に泣くのです。美しいものがあれば、それを見ながら、「本当に美しいですね」と神と一緒に喜び、語らいながら歌うのです。そうなっていけば、祈りが生きたもの、生活化されたものとなります。

将来においては、形式としての祈りは必要なくなるでしょう。しかし、喜びや悲しみなどを味わう生活の中に、常に自然な神とのかかわり合いがあるのです。これが本来的な意味での祈りではないかと思います。

3　より公的な祈り

神に受け取られやすい祈りの秘訣《ひけつ》は、まず公的なことから祈るということです。公的なことから私的なことへ、大きなことからだんだん小さなことへと祈っていくことが、より良い祈りができる秘訣です。

私たちは往々にして、祈りの場に着くと、そのまま「神様、あれを下さい。こ

れを下さい。これをお願いします」と、具体的な問題をすぐお祈りしてしまいがちです。いろいろな分野の中で、伝道なら伝道という自分が今現実に抱えている問題だけを、最初から最後まで祈って終わるのです。御利益信仰のように、ものを求める祈りが存外、多いわけです。こういう祈りだけでは、あまり高まることもなく、深まることもなく終わることが多いのです。

祈る場合、まず天の父に対して思いをはせていきます。「天の父よ……。お父様、お父様……」と自分の念を額のあたりに集中させて、そこから神に向けて発するように祈るのです。目には見えない神であっても、間違いなくおられる神を見ようとして、思いをそこに寄せていきます。まず神に近づこうとし、神を引き付けようとするのです。そのように、神の事情と心情を求めていくことが最初になすべきことです。

あたかもレーザー光線を集中させ、すべてをぶち抜いて、神のもとに至ろうとするように、集中した思いをもっていくと、神が感覚として近づいてくるのです。熱いものがひたひたと感じられ、神の事情や心情の一端が感じられてくるはずです。

　すると、人類に対する神の悲しみの一端が分かってくるのです。そして、神がいかにこの世界を早く救いたいと願っておられるかが、感覚として、情感として伝わってきます。神の焦りが分かってきます。いまだ同胞がだまし合い、殺し合い、奪い合っている現状を目の当たりに見ている親としての神の痛みや悲しみ、義憤が分かってきます。そうして初めて、この世界を何とかしなければならない、人類を救わなければならない、という気持ちがひたひたと起こってくるわけです。

　それと同時に、神の心情を御存じであるがゆえに、一分でも一秒でも早く、人類の救いと世界の救いを成就しようとしておられる文《ムン》先生の心情が分かってくるのです。

　世界を救うためには、まず国を救わなければなりません。そして日本が国家的使命を果たしていくためには、自分の部署が願われている目的を達成しなければなりません。そのためには自分の責任分担を全うしなければなりません。さらに自分の責任分担を勝利するためには、自分自身に勝利しなければなりません。

このように、自分の立っている立場がよく分かりますから、日本の責任者のために祈り、教会の責任者のために祈り、自分の責任者のために祈り、そして兄弟や部下のために祈っていきます。祈りが自然と順番に下りてくるのです。

まず神のために祈り、そこから世界のために祈り、人類のために祈ります。そして国の救いのために祈り、自分の責任分担の勝利のために、兄弟のために祈り、さらに自分自身が願い求めていることを祈るのです。このように、より公的なことから私的なことへと向けて祈っていくと、より導かれる祈り、より神に聞かれる祈り、より高まることのできる祈りができます。

具体的に言えば、「自分には霊の子女がいませんから、この人を何とか二日修に出させてください」、「今月の目標をこれだけ勝利させてください」という祈りは、もちろんこれも必要なことです。しかし、祈る時間の七〇パーセントか八〇パーセントは、その時、その時の神の最も関心をもっておられることのために祈るといいのです。真《まこと》の父母様を中心とした世界的摂理のため、最も中心的な行事の目的が達成されるように祈るのです。そのほうが、むしろ一番導かれ、祈りが高められていきます。
文先生は次のように語っておられます。
祈る時は自分自身を中心として祈らず、摂理歴史において願ってきた神の心情を中心として祈らなければならない。（『御旨の道』祈祷）
自己中心の祈りは、神は聞くことができません。それは最も退屈な祈りであり、何も起こらないでしょう。あなた方は、神の国のため、神の義のため、世界、国家、神の解放のために祈るのです。それは祈りにおける主題なのです。大きいことのために祈り、それを達成しようとすれば、そこには冒険や危険があります。しかし神は、「私が後ろについているから心配するな。迫害されても喜んで行きなさい」と言うでしょう。（「祈祷の重要性」一九七九年四月十五日、ベルベディアにて）

第五章

祈りの実践

1　祈祷の好きな人はまれ

初めに述べたように、祈りが好きだと言える人は、本当に少ないのです。むしろ信仰生活を始めて半年や一、二年というまだ日の浅い人は、あまり深刻ではないかもしれません。どちらかといえば、信仰歴が五年、十年、十五年と長くなった人ほど、これは深刻で難しい問題となります。「たかが祈祷、されど祈祷」であって、「たかが祈祷」と思ってきたその祈りが、なかなか勝利できず、突破口が開けないのです。完全にマンネリ化してしまっている自分に気がつくわけです。誰でも、祈ればいい、祈らなければならないと感じます。そして祈りたいと思うのですが、やはり続かないというのが、正直な悩みです。祈祷が好きになれないという事実があるのです。

なぜなのでしょうか。祈祷とは、本来は神と人間との対話です。それなのに、なぜ好きになれず、苦手となり、できたら避けて通りたいとまで思うようになってしまうのでしょうか。それには理由があります。

祈祷には、ある種の苦痛が伴うからです。またもう一つの理由は、祈祷した時に神がこたえてくださったという実感をなかなか得られないからです。

祈祷するたびに神の心情に触れて感激の涙を流し、祈るたびに自分の祈りが神に通じたという実感があり、こたえられたとするならば、誰も祈祷が嫌いにはなりません。好きで好きで仕方がなくて、やめられなくなるでしょう。ところが、祈っても祈ってもこたえられず、通じたという実感がもてないことが重なるために、自然に私たちは祈祷が好きになれなくなるのです。

したがって、祈祷に伴う苦痛の正体が何なのか、なぜ対話であるはずの祈祷なのになかなか神に通じないのか、その原因が解明され、これを克服する方法を知れば、祈祷は大きく前進し、勝利の手ごたえをつかむことができます。

2　不信感を一掃せよ

何度祈っても、神に聞かれたという感じがしないことが重なると、私たちはすぐに失望して力を失い、もう熱心に祈らなくなってしまいます。「いくら祈っても、聞かれていないのではないか」という不信感が、いつしか気がつかないうちに定着してしまうわけです。そうなると、もはやその祈りは死んだ祈り、力のない祈りとなり、本気で祈れなくなってしまいます。本当に通じたい、絶対に通じたいという意気込みが最初から抜き取られてしまっているのです。

この祈祷に対する不信感こそ、まず私たちが最初に一掃しなければならないことです。神は聖書のいろいろな箇所で、私たちがあきらめることのないように、励ましの言葉を掛けてくださっています。例えば、「悩みの日にわたしを呼べ」（詩篇五〇・一五）と神は言われています。また、「彼らが呼ばないさきに、わたしは答え、彼らがなお語っているときに、わたしは聞く」（イザヤ書六五・二四）、「わたしはあなたを助け」（詩篇五〇・一五）、「祈《いのり》のとき、信じて求めるものは、みな与えられるであろう」（マタイ二一・二二）とあります。このように神は、「祈れば私はこたえるのだ」と約束してくださっているのです。この神の約束を絶対的に信じて祈っていくことが、まず重要です。

3　惜しみなく投資せよ

私たちは、祈ってもなかなか効果がない、とあきらめてしまいやすいのです。しかし、よくよく考えてみると、あまり打ち込んで祈ったことがないのに気がつきます。どんなことであっても、投資することなしには、その成果を刈り入れることはできません。種を蒔《ま》かずに実がなるわけがないのと同じです。

投資することを惜しんではなりません。祈祷のために時間を割くこと、体力を投入すること、心情を注ぎ込むことを惜しんでは何も得られません。時間、体力、心情を惜しみなく注ぎ込んだ時、必ず何倍もの恵みが与えられるのです。

4　三つの敵

祈祷には三つの敵があります。

第一の敵は、「祈らないこと」です。これほど簡単なことはないわけですが、しかし存外、私たちはそこに陥りやすいのです。どうすれば突破口を開いて本格的な祈祷に至れるか、ということについてこれから述べていきます。その大前提として確認しておきたいことは、どんなにみすぼらしい祈りであったとしても、祈らないよりは祈ったほうがはるかにいいということです。手を組んで神の前にぬかずくだけでも、既に価値があるのです。

第二の敵は、「マンネリ化」です。一応の祈りをしていたとしても、どうも熱がこもらず、力が入らないことがあります。新鮮さがなく、何か決まりきった、マンネリ化した中で、祈りをしてしまいやすいのです。

第三の敵は、「持続しないこと」です。ある時は真剣に祈っていても、しばらくすると、もうやめてしまっている自分に気がつきます。打ち込んだ祈りを持続することほど難しいことはありません。一時期はできたとしても、続けることは本当に難しいのです。しかし、この「続ける」ということにこそ、闘いがあります。泣きながらでもやり通さなければなりません。その秘訣《ひけつ》は、一つしかありません。一回一回を「これがすべてだ」と思って全力投入で祈り込むのです。それ以外に、持続する方法はありません。

私たちはこの三つの敵と闘って、乗り越えなければなりません。そういうことを踏まえた上で、いよいよ具体的に、どのように祈祷と取り組んで闘い、勝利を得ることができるのかという問題について、掘り下げて考えてみようと思います。

5　祈りの壁

私自身も以前は祈りが苦手で、自信がありませんでした。徹底して祈祷に取り組んだことがなく、勝利したという実感がなかったのです。もちろん、周りの兄弟たちと同じように、朝、夜の祈祷会や野外での徹夜祈祷会などに参加していましたが、本当の意味での勝利感がもてず、祈祷の深い意義や価値も分からないままだったのです。あるとき、これではいけないと痛感して、真剣に祈祷と取り組むことになったのです。その当時、既に地区の責任者になっていた私には、青年学生や壮年婦人の方からもいろいろな相談を持ち込まれました。複雑で深刻な問題にぶつかると、「これはもう祈るしかない」と思う事例もありました。「祈りましょう。祈ってください」と指導し、相手も「私もやはりそれしかないと思っていました。祈ってみます」と答え、お互いに解決したつもりで別れるのですが、しかしそれが解決にならないのです。

祈らなければならない、祈りたい、祈るしかない、と分かっていても、実際には祈れないのです。祈る能力が養われていないという問題にぶつかりました。誰もが祈りの必要性は感じたとしても、祈って問題が解決するほどの祈りは、なかなかできません。そこに祈りの手ごわさがあるのです。

今まで自分が取り組むまでは見えなかった祈りの問題点が、祈りとの闘いの中でだんだん見えてきました。

祈祷というのは、私が神に対して何とか通じたいと願い、私の訴えを神に届けて、神からの答えを得たい、という気持ちをもって祈るわけです。まさしく祈祷は神と私たちとの対話である、ということに誰も異存はないでしょう。しかし、定義がそうだからといって、「まさしくそうだ、祈りは神との対話である」と実感している人が、果たしてどれだけいるでしょうか。私たちの悩みはそこにあるわけです。神に通じ、神からこたえられたという体験がなかなかできないところに、もどかしさ、口惜しさがあるのです。

既に述べたように、祈りが好きになれないという事実があり、それには理由があることが分かりました。祈祷には苦痛が伴うからであり、なかなか通じないからです。ゲッセマネの祈りの時に、眠ってしまった弟子たちに対して、イエス様は「心は熱しているが、肉体が弱いのである」（マタイ二六・四一）と嘆かれました。私たちには、霊的な業に耐えにくい肉体の弱さがあるのです。逆に言えば、これを克服する方法をつかむことができたならば、祈祷は大きく前進し、勝利の突破口を見いだすことができるわけです。

では、なぜ神との対話であるはずの祈祷に、苦痛が伴うのでしょうか。祈っても祈ってもなかなか通じない場合、砂をかむような苦い思いをもって、祈祷の座を去らなければなりません。そんな体験を何度もすると、「神様はちょっとケチじゃないでしょうか」という心境になります。それがもっと高じると、開き直って、「どうせ私は堕落性だらけ、罪だらけだから、神様は顔を出してくださらないんでしょう」とまで思いたくなってしまいます。

しかし、よくよく考えてみると、それもおかしいのです。私たちにとって、愛の親の立場に立っておられる神ならば、私たちが神に通じたいと願うよりも、何十倍も何百倍も私たちに対して通じたいと思っておられないはずがないわけです。ではなぜ、私たちも神に通じたいと思い、神も私たちに対してもっと通じたいと思っておられるにもかかわらず、なかなか通じることができず、苦痛が伴うのでしょうか。

　その壁にぶつかった時、私も非常に困りました。しかし、常に私の励ましになったのは、『御旨の道』の祈祷の項にある「この世でも挨拶をするのにその方法があるではないか。祈りにおいても研究してやりなさい」という文《ムン》先生のみ言《ことば》でした。そう言われてみれば、それまで研究や工夫をしたことがなかったのです。研究し、工夫しなくてはいけないと考えるようになったことが、糸口となりました。神は関心をもつところに働いてくださるのです。やがてその突破口を開くヒントが、佐藤雅文さんの著書『祈祷の生涯』の中から得られたのです。

6　祈祷は「祈闘」である

　突破口を開く糸口になったのは、佐藤牧師の「祈祷は祈闘である」という言葉です。

神に通じたいと願う私たちに対して、何としても通じさせまいとする存在があることが分かったのです。神と私たちの間に壁を築いて、私たちが神に通じようとすることをあきらめさせようとする力が働いている事実に出くわすわけです。言うまでもなく、その勢力の主体はサタンであり、具体的にはそのサタンの支配下にあって霊界で働くもろもろの悪霊人です。

私たちは神の存在を実感として知ることが重要ですが、同時にサタンの存在も実感として知ることができます。本格的に神に祈る者にとっては、サタンは観念的な存在ではありません。具体的に出くわす霊的力、パワーとして感ずる存在なのです。神に通じることをあきらめさせ、Uターンさせようとサタンは働いてきます。これとの闘いがあるのです。様々に仕掛けてくるこのサタンの妨害をいかに突破するかが、祈祷を突破していく秘訣となります。

第一に、祈っていくと、まずやって来るのが眠気です。なぜかは分からないのですが、とにかく祈り始めると眠くなり、やめるとすっきりする。そんな体験をしたことはありませんか。

第二に、雑念がわいてきます。あることを祈っていたはずなのに、ふと気がつくと、全然関係ないことを考えているのです。祈りが雑念に紛らわされてしまっているわけです。

第三に、不急の用事を思い出します。急でない用事を思い出すということです。祈っている途中でいろいろなことが思い浮かんでくるのです。「あの人に電話しておかなければいけない」、「あのことはこういうふうに言っておかなければ」、「ああ、あの鍋のふたを何とかしなければ……」。そして、「早くやらなければいけない」と思い込まされて、「アーメン」と言って祈りを途中で切り上げて飛んでいきます。しかし、あとでよくよく考えてみると、五分や十分遅れても全然影響のないことなのです。サタンに完全にやられてしまったわけです。

第四に、重圧感という形で来ます。これは祈りの中で、誰もが体験することだと思います。祈っているとある霊的な圧迫感がきて、何かいたたまれないような気持ちになり、早く祈祷を終えたい、早くこの場を去りたい、という思いに追い込まれるのです。たいていはこれに負けてしまい、「アーメン」と言ってしまいます。残念ながら、突破口を開けないままの祈祷に終わってしまうのです。

第五に、焦燥感です。いらいらが来るわけです。「祈っても通じないのではないか」と思いながらの祈りでは、なかなか力が入りません。「通じない祈りだったら、実践したほうがいいのじゃないか。でもやっぱり祈らなければならないのだろうか……」。こう考えながら祈ったとしても、いらいらするだけなのです。なぜか焦らされ、わずかな時間を耐えることができなくなってしまうのです。

このような形で、サタンは私たちに妨害を仕掛けてきます。その目的は、私たちが神に通じようとすることをあきらめさせるところにあるのです。では、なぜサタンは祈りに対して働き掛け、妨害するのでしょうか。それには理由があるはずです。

サタンは、私たちが真理のみ言に触れようとする時には、み言に触れないように働きます。み言を聞いた場合には、み言が悟れないように働きます。悟ってしまったならば、今度はこの道に献身しないように働き掛けるのです。み旨に没頭するようになってしまったら、祈りをしないように働きます。祈りをすれば、祈っても決して神に通じないように働いてきます。

なぜなら、飢え渇ききった私たちの魂がひとたび神に出会い、生きて働く神、心情の神、親なる神の深い愛に実感として触れた時、もはやいかなるものをもってしても、その神と私との関係を引き裂くことはできないことを、誰よりも知っているのがサタンだからです。最終的には神の心情を知らせず、親の愛を味わわせないために、サタンは働いてくるのです。祈りの重要性を実によく知っているのがサタンであるといえます。だからこそ、祈りそのものを取り去っていこうとするのです。では、このような妨害といかに闘って突破口を開いていったらよいのでしょうか。

7　具体的な闘い方

①絶対に眠らない

まず、絶対に眠らないことが第一の努力目標です。祈祷室で一人で祈っている時などは、特に眠らされやすいものです。お祈りと「おいねり」は区別されなければなりません。祈る時は祈り、眠る時は眠る。それをはっきりしなければ、神様に対しても失礼です。

しかし現実問題として、一生懸命み旨をやっている人であればあるほど、いつも疲れており、いつでも眠りたい、という素朴な事実があります。ある意味では、「疲れ」は成約聖徒の勲章のようなものです。そのようなみ旨の最前線で、精神的にも肉体的にも極限まで闘いながら、なおかつ真に通用する祈りの方法を体得しなければ、いくら祈らなければならないと分かっていても、突破することはできません。眠らないためには、眠らないための具体的な工夫が必要です。

私の場合は、疲れている時であればあるほど、立って祈るという習慣をつけるようにしました。普通は、疲れている時であれば座って祈ります。うつぶせになってしまうことも多いと思います。これはもう、お祈りというよりは、「おいねり」の構えなのです。立って祈れば座りたくなるし、座れば手をつきたくなります。手をつけばうつぶせになりたくなるし、うつぶせになれば眠たくなってしまいます。ですから、疲れていればいるほど、絶対に立って祈るのです。

しかし立って祈っても、何分かしてふと気がつくと、眠っているのでも起きているのでもなく、ボーッとしてしまっていることがあるわけです。そうならないために、足踏みをして祈ってみました。すると意識をはっきり保つことができたのです。どんなことでも結構ですから、眠らないための具体的な工夫をすることが重要だと思います。

②力の入る姿勢で祈る

次に、姿勢が大事です。最初は闘う姿勢が必要なのです。力の入る姿勢で祈らなければなりません。うつぶせになることがなぜ問題かというと、その姿勢では力がなかなか入らないからです。突破口を開いていくためには、相当な力を投入しなければならないのです。

また、肉体のコンディションと祈りとは、密接な関係があります。例えば、疲れ果てている時や病気の時は、打ち込んだ祈りができにくいわけです。そういう意味で、体のコンディションも非常に大切です。

祈祷は、祈りの闘いです。敵は、言うまでもなくサタンとその支配下にある悪霊人たちです。この悪の勢力は、私たちが神に通じようと祈るのに対して、それを妨害しようとしてくるのです。ですから最初は、どうしても闘いが起こってきます。そして、たいていは途中で断念して引き下がり、神との喜ばしい出会い、感動的な出会いを得られないまま終わってしまうのです。

そんな祈祷を何十回、何百回と繰り返していると、祈祷が嫌になってしまい、どうせ通じないなら祈ってもしようがないと、最初から祈りに対して期待をもたなくなってしまいます。祈祷とはこんなものだと思い込まされ、そうなると、もはや本気で祈ることをしなくなってしまうのです。そこまで行けば、サタンが合格の判を押してくれます。

これに引っ掛からないように、霊的に力を入れなければなりません。

どういう姿勢で祈るのが一番いいでしょうか。もし、あなた方が膝をついて頭を下げて祈ることができれば、それが一番良いでしょう。あなた方はそのような姿勢で体を主管し、体の苦痛が出ても乗り越えなければなりません。そうすれば、神はあなた方が真剣であることを知るでしょう。（「祈祷の重要性」一九七九年四月十五日、ベルベディアにて）

③渾身《こんしん》の力を込めて祈る

姿勢が大事であるとともに、渾身の力を込めて祈ることが必要です。よく勘違いする人がいるのですが、これは決して大きな声を出す、ということではありません。大声を出して祈ることと、渾身の力を込めて祈るということは、別のことです。大きな声を出さず、たとえ無声音であったとしても、「お父様、お父様、お父様……」と、渾身の力を込めて言うことができます。力を込めて祈るということとが大事なのです。

この場合、霊の力、精神の力はもちろんですが、それ以前にまず肉体の力そのものを込めて祈るといいでしょう。なぜなら、霊人体と肉身が一緒になっているのが、この地上での生活であり、霊肉が分離しているわけではないからです。力を込めるということは、いわば霊肉同時進行の状態なのです。文字どおり、本当に力を込めて祈るのです。

手を組んで祈るのなら、組んだ指の骨がきしんで痛くなるくらいの真剣さで、全身の力を込めて祈ります。あるいはこぶしを握って祈るならば、そのこぶしの中に全身の力を込めるのです。そして額のあたりからすべての念を込めて、「天のお父様！」と祈っていきます。

なぜこのようなことを述べるかというと、集中すればするほど早く突破口が開けて、深い祈りに入っていけるからです。言い換えれば、集中しない祈りは、たとえ百年祈っても通じないといえるのです。

④切実な心情をかき集めて祈る

その上で、切実な心情をかき集めて祈ります。文鮮明《ムンソンミョン》先生のみ言の中に、「祈りは真剣でなければなりません。祈りは心を一つに集中しなければなりません」(「祈祷の重要性」)とあります。誠を集中し、心を集中するのです。

しかし、それが私たちにはなかなか難しくて、頭は雑念でいっぱいになってしまいます。朝の祈りは最も大切なのですが、特に朝は一番心情が乗りにくいのです。起きたばかりで体も鉛のように重く、心情もわいてこないことが多いのです。それでも、自分の中のあちこちに少しずつある情をかき集めるようにして、「天のお父様……」と呼び掛けるのです。その一言の中に、万感の思いを込めていくのです。

文鮮明先生が、「天の父よ、という同じ一言でも、君たちの呼ぶ一声と先生の呼ぶ一声の間には、大きな差があるんだね」と語られたと聞きました。私たちが同じ神に対して語り掛けても、その切実さ、真剣さの度合いによって、通じ方や神の受け止め方は、当然違ってくるでしょう。

⑤闘いの正念場

文鮮明先生はよく「心情の砲弾」と言われますが、私たちはまさしく心情の砲弾ともいうべき祈りの念を集中した力をもって、敵陣であるサタン圏をぶち抜いていく、という覚悟で向かわなければなりません。

その闘いを表現してみれば、私たちが「神よ」と呼び掛け、攻めていくと、それに対してサタン側は押さえにかかってきます。私たちが霊的な圧迫感、重圧感を感じ、それが苦痛となってくるのです。しかし、そこで「アーメン」と引き下がってしまえば負けです。断固として引き下がらずに、また「天の父よ」と祈っていくのです。それでも押し返されてしまいます。しかし、またぐっと渾身の力を込めて祈り進んでいきます。そういうことを何度も続けます。しかし、五分、十分とたつうちに、不思議なことが起こるのです。

それまでは、いくら祈っても先が真っ暗で、壁があるようにしか思えません。通じる気配すらないように感じるのです。ところが、あるところまで行くと、急に楽になります。何かが開けるように、今までの圧迫感や重圧感がスーッとなくなります。それが、勝利の手ごたえを得る瞬間、いわば突破口が開けていく瞬間なのです。

その後は、静かな祈りでいいのです。ある時には、もう言葉がなくなってしまう場合もあります。祈祷は神との〝対話〟ですから、こちらが一方的にしゃべりすぎるのも失礼なのです。じっと心を澄まして神様の意志を聴き取ろうとする姿勢が大切です。

その静かな祈りの中で、いろいろなものが得られるのです。

例えば、祈っていてあるインスピレーションを感じることがあります。「ああ、あの人に会わなければいけないな」、「今まで自分がやってきたことよりも、こちらのほうがもっと重要なことではないか」、「自分はあの人に対して悪いことをしてしまった。傷つけてしまった」などと悟らされるのです。

もっと敏感になれば、温かい霊的な空気のようなもので自分が包まれるのが分かります。聖霊体験に似ています。ある時には、神の言うに言えない事情や心情の一端に触れて、泣きに泣かされるという体験をするようになります。それらがまさしく、祈祷の手ごたえともいうべきものです。

8　勝利の手ごたえを得よ

祈祷は「祈闘」であり、闘いであるからには、勝敗があります。勝利は、サタンの妨害と闘って、それを突破した時にもたらされるのです。勝利した時にこそ、神との交流が開かれ、それまでの苦痛やもやもやが晴れて、温かい平安の心が訪れます。そして静かな祈りの中に、神からのインスピレーションが示されるのです。悔い改めに導かれたり、愛し得ない者を愛する力や、勇気が与えられたり、アイデアが与えられたり、方向が正されたり、いろいろな恵みが与えられます。

祈祷で感じたことを、できるだけ早く自分の中で整理し、実行に移していくと、それが見事に当たっていることは多いのです。そのように、導かれて行動し、導かれて和動し、導かれて伝道することができれば、どれだけ天の摂理が進むことでしょうか。

とにかく、一度でもいいですから、突破口が開けて神に通じたという実感を味わうことです。そして「祈祷とは、こんなにも重要なものなのか。こんなにも素晴らしいものなのか。こんなにも大きな力が与えられるものなのか」ということを実感として味わうことが、まず必要であると思います。

私は静かな真夜中に祈るのが好きです。黙想するのに最高の時間だからです。私はそこで受けた構想や見た光景についてあまり語りませんが、あなた方が受けるような構想や夢を私はいつも受けています。それを語るには、あまりにも幻想的です。そのような新しい世界のドアを開けて、そこに届くのは祈り以外にありません。そこで愛を味わい、愛を経験するのです。これはとてもしっとりと温かいものです。(前掲)

9　成果を収穫せよ

さらに、祈祷の成果を収穫するということも大事です。祈りによって得られる成果、これは祈祷の実績といってもいいでしょう。一回一回の祈祷の中で、勝敗を自分なりに味わい、得るべき成果をちゃんと収めて、神に感謝をしていくことが必要なのです。その祈祷の成果、実績にも、性相的なものと形状的なものとがあります。より内的なものと外的なものです。

①内的成果

まず、第一に自分自身からサタンが分立されることです。

より中心的で本質的なことは、祈祷によって、神の隠された事情や、その事情の背後に隠されている心情――深い悲しみ、そしてさらにその奥にある言葉に表し難いほどの私たちへの愛――に接することができることです。その神の事情と心情を知った時に、深いところからの悔い改めに導かれるのです。悔い改めることによって、私たちは自己の霊的な成長を遂げることができます。

信仰生活が長くなった時にぶつかる問題は、マンネリ化して初期のころのような新鮮さがなくなり、内面の霊的成長がストップしてしまっているように感じることです。それは、悔い改めをしなくなったことに起因します。本当の意味での悔い改めは、神に出会わなければできません。悔い改めができなければ、節のない竹と同じで、成長できないのです。

したがって、神の事情や心情に少しでも、たとえ万分の一でも近づくことが、永遠的本質的な意味において重要な、祈祷による恵みなのです。

②外的成果

一方、外的な成果とは、様々なインスピレーションやアイデアが与えられることです。ある問題で困っていた時に、「ああ、あの問題はこうすればいいのではないか」と示されたり、いろいろなことが示唆されるわけです。それを実行し、実践していくことによって、伝道や渉外、その他あらゆる分野での外的な実績として、具体的に結実していくのです。

③メモを取る

せっかくの恵みを失わないために、メモを取ることをお勧めします。突破口が開けたというような特別な祈りにまで至らなくても、普通の祈りをしている時でも、十分、二十分の祈りをすれば、その中で少なくとも一回か二回は、「あっ、これは大事なことだな」という何かの示しを受けることがあると思うのです。そう感じさせられることが、実は神の啓示であり、神からの示しであることが多いわけです。

大事なことだと思いながらも、そのままにしておくと、あとになって思い出そうとしても、なかなか思い出せないことが多いのです。あるいは感じてはいても、あえて実行に移さず、重要視しないこともあります。正に、ダイヤモンドの原石を、それとは知らないで捨ててしまうのと同じです。せっかく神から答えが与えられ、示しが与えられているにもかかわらず、それを大事にせず全部ほごにしてしまうのでは、祈祷する意味がなくなってしまいます。

そういう意味で、私はいつも、ちょっとした祈りをする時にも、メモ用紙をそばに置いておくことを習慣づけています。祈りの中で、「これは大事なことだ」と感じられることが与えられた場合は、途中でもすぐメモを取るのです。そして、また祈りを続けます。あとでそれを整理して、必要と思われることを実行していくのです。もちろん、責任者に相談すべき内容は相談して、指示を受けてやっていかなければなりません。

神からの啓示とは、何もおどろおどろしいものではなく、極めて地味なものです。直接、霊が見えたり、聞こえたり、誰かに霊がついてこう言った、天使がこう言った、というのは、ほとんど霊人の業である場合が多いのです。

厳密に言うと、霊体験と神体験は同じではありません。神は、天宙を創造された方であり、霊界も地上界もすべてを創造された、目に見えない存在です。ですから、直接見えた、聞こえたというのは、霊界の先祖の霊がしてくれた業であることが多いのです。参考にはなりますが、絶対視すべきではありません。そこのところを混同してしまうと、霊界に主管されてしまうわけです。

10　注意点

祈祷中に起きてくる、三つの課題の克服の仕方について説明したいと思います。

①意識を鮮明に保つ

お祈りを始めると、よくぶつかるのは、五分、七分とたつと、眠っているのでもないが、お祈りしているのでもなく、意識がボーッとぼやけてしまっている自分に気がつくことです。

そんな時には、私は途中で目を開けて現実世界を見て、「自分は今何を祈っていたのか、何をしていたのか」と、もう一度はっきり確認してみます。そして、またおもむろに目を閉じて、祈りを続けていくのです。

このようにして、意識をいつも鮮明に保つことが大切です。

②言葉のカラ回りをなくす

もう一つの注意点は、言葉のカラ回りをなくす、ということです。こういう体験はありませんか。ずっとお祈りをしているときに、途中でふと気がつくと、口はとうとうとお祈りをしているのですが、もはや自分の意思とは関係のない言葉をしゃべっているのです。これを私は「言葉のカラ回り」と名づけています。

おもしろいことに、一人一人その文句の内容は違うのですが、ある決まった文章ができています。ふと気がつくと、最初に祈ろうと思ったこととは全然関係のない、いつもの自分の決まり文句をカラカラと繰り返しているのです。それはなかなか名文句ですから、そばで人が聞いていても分からないのですが、もはや自分の意思や情からは離れ、口だけが動いている状態になります。

これに気がついた場合、私は口をつぐみ、いったん祈りを抑えます。そして、「むなしき祈りはやめよ」と自分に言いきかせ、自問自答します。「お前はいったい、今何をやっているのか。自分は何を一番訴えたいのか」。このように自分の本心を確かめ、意思を確認した上で、また言葉を出し始め、祈りを再開するようにしています。

どんなに立て板に水のようにとうとうと、声色までつけた見事な祈りができたとしても、自分の意思や情と分かれてしまった祈りは、ただの祈りの作業にすぎないのです。神から見た場合には、いたたまれない、むなしい祈りです。このような言葉のカラ回りをなくし、一言一言吟味して、自分の意思を正し、自分の情から出た言葉を神に伝えていくのです。

そういう意味では、祈りは特別うまくなくてもいいのです。決して流暢《りゅうちょう》なのが良いのではなく、素朴なたどたどしい言葉であったとしても、自分の意思と自分の情が中心となって出てきた言葉をもって神の前に祈っていくことが、何より大事なことではないでしょうか。

③人に聞かせる祈りになっていないか

信仰が長くなると、よく陥りがちなことがあります。例えば、代表祈祷に自分が当たったとします。すると、「うまく祈らなければ」、「筋道を立てて祈らなければ」、「皆を感動させなければ」など、いろいろな思いが働いて、いつしか黙祷して聞いているほかの人たちに聞かせる祈りになっていることがあるのです。こうなると、祈りの本質からずれてしまいます。

神に向かうのが祈りです。人に言いたいことがあるのなら、直接その人に言えばいいのです。祈りの中で、講演のようにとうとうと述べたり、人に対して裁いたりしてはなりません。祈りはどこまでも、無形なる神に対して捧げるものです。心霊や心情の世界でないと、神と交わりをもつことができないのです。天地を創造された唯一、絶対なる神、私たちの親である心情の神に対して、かかわり合いを求めていくことが、祈りの本質です。

以上、祈祷においての闘い、そして勝利を得るまでの実践について、学んできました。この内容は、全員がそうしなければならないというものではありません。百人いれば百人の人がそれぞれに取り組んでいけば、それぞれの境地が開かれ、突破口が開かれていくはずです。一人一人無限に、いろいろな形の研究の仕方、取り組み方があると思います。

11　具体的な取り組み方

では、次に真正面から祈祷に取り組んでみる場合の参考として、具体的な取り組み方について述べてみましょう。

①いつ祈るのか

まず、毎日祈ることです。一日の中では、朝が良いでしょう。しかし、朝の祈りは心情が乗りにくく、一番大変です。それだけに、逆に朝の祈りに打ち込んでいけば、その一日が霊的に導かれて歩めますから、非常に重要なわけです。

②期間・時刻・時間を決める

また、期間を決め、時刻を決め、時間を決めることが大切です。期間とは、何日から何日までという期間であり、四十日なら四十日間ということです。時刻は、朝六時なら六時からということであり、時間は、二十一分間、四十分間という時間です。祈祷の境地を切り開くために本格的な取り組みをする場合は、この期間と時刻と時間をきちんと決めて、取り組んでいくことが必要なのです。

私の場合、あえて祈祷会という形を取りました。というのは、自分一人で取り組んでいくと、意志の弱い人間ですから、何か特別なことがあったり、大変になったりしたら、すぐにやめてしまうのではないか、と考えたからです。自分の弱さを知って、それを封じ込め、逃れられないように、祈祷会というものにしたのです。自分が提唱した祈祷会ですから、どんなに大変でも、避けるわけにはいかないのです。

③時刻がきたら問答無用で祈りの座に

次に、決めた時間がきたら、問答無用で祈りの座に着くということです。前日の夜遅くまで仕事をして、目は覚めたものの体が鉛のように重くてよく動かない時、「きょうはもうやめておこう」と思うことがあります。そしていったんつらいと感じたら、「午後にはこういう大事な仕事もあるし……」と、やらないほうがいいと思う理由が十も二十も出てきます。しかし、それらを全部、「問答無用。それがどうした」と自分に言い聞かせて、切っていくのです。問答無用で祈りの座に着く闘いに勝利しなければなりません。

しかし、そんな時でも、たとえわずか二十一分間でも全身の力を打ち込んで祈っていくと、祈祷が終わった時は、まるで霊的なシャワーでも浴びたように、霊肉の疲れがいつしか吹き飛んでしまっているのです。霊肉の疲れから復活するように、引き上げられ、力を与えられることを何度も体験しました。

④決めた時間内は闘い続ける

さらに、二十一分間と決めたなら、その時間内は決して引き下がらないことです。いろいろなことがあって、途中でやめたくなることもあるのですが、その時間内は闘い続けるのです。「Never give up!（あきらめるな）」の精神です。絶対に降参してはなりません。たとえ勝てなくても、負けはしないぞという精神、ちょうどヤボク川でヤコブが最後まで天使に食らいついていった根性（創世記三二・二三〜二八）が、祈祷において必要なのです。何度でも挑戦し、突破口が開けるまで体当たりでぶつかっていくのです。そうすれば、突破口が開けるのが早くなっていくのです。

また、祈祷は蓄積することができます。祈り続けていくと、だんだん祈る能力が養われてきますから、より短い時間で早く突破口が開けるようになります。いろいろな意味で、祈りが大きな支えになっていくのです。

祈りに対して、すぐに答えが返ってこなくても、ガッカリすることはありません。時には長い時間がかかることもあるのです。また、すぐに答えが返ってきたからといって喜びすぎてはいけません。神とあなた方との間には、様々な段階で隔たりの世界があるので、届くまで時間がかかります。多くの人は、祈っても聞き入れられないと祈りをやめ、神を裏切ります。最後の一インチを耐えることができないのです。それは、なんと愚かなことでしょう。（前掲）

⑤み言を握って祈る

いきなり祈るよりも、み言や祈祷の指導書を拝読してから祈ると、高い次元から祈りの出発ができます。祈祷会などの場合、輪読も良いものです。み言を握って祈っていくことによって、より神のみ意《こころ》に添った祈りができます。

⑥祈りの環境をつくる

自分が最も祈りやすい雰囲気の部屋とか場所を選んで、祈りやすい環境をつくることも大切なことです。

12　祈祷と行動

よく祈祷と行動とは、全然別のことのように言われる場合がありますが、そうではありません。祈祷をすることによって、ポイントを突いた効果的な行動や闘い、歩みができるのです。意志の弱い人にも、勇気や力が与えられます。一方、行動が伴わなければ、どんなに祈って感じたとしても、具体的に実ることはありません。

祈ったら行動しなさい。行動することによって、祈りの力を知ることができるでしょう。（前掲）

私たちは先に祈って、後で行動しますが、本当は祈りと行動は一緒なのです。祈りながら行動するのです。祈りながら座って待つ、というのは良くないことです。あなた方が最後の血の一滴、最後の涙の一滴までも流し切ったあとで神に求めるなら、神はダッシュしてあなた方の所に来るでしょう。そういう祈りは聞か

れるのです。（前掲）

み言を学んで悟ったことを実践する、あるいは祈って感じたことを実践することによって、それが具現化し、成果に結びつきます。祈っては行動し、行動しては祈る、というように、祈りと行動が車の両輪のようになることが、一番理想的だと思います。

13　祈祷と生活

「なかなか切実な祈りができないのだが、どうしたらいいのか」という悩みは誰しももったことがあると思います。このようなときは、「祈祷の失敗は生活の失敗である」と言い切ったE・M・バウンズの言葉が、私たちを明快な解答へと導いてくれそうです。

私たちが切実な祈りができないという時は、自分がみ旨に対して、本当に切実に責任を感じて生活していない時ではないかと思うのです。つまり、切実な課題を背負った生活の中からこそ、おのずと切実な祈りが出てくるのです。

み旨を忙しくやっていても、心が疲れてしまって、ついていけないという時があるものです。そういう時は、牧会を受けることが大切です。そして、もう一度み言を学び、祈りを通して霊の糧を得ることが必要です。神の息吹に触れ、愛に触れてこそ、私たちの霊的生命が蘇生《そせい》できます。そしてもう一度、神の願いが何であるかを悟り、その神のみ旨をいかにして成すかということに燃え始めるとき、再び良き祈りが生まれてくるに違いありません。

第六章　祈りの恵沢

1　サタンとの闘いの最大の武器

祈りによって、どのような恵みが得られるのでしょうか。

祈祷による恵沢は、あまりにも大きく、しかも多くて、言葉で言い尽くすことができないほどです。祈祷における喜びは、闘ったあとに得られるものです。そういう意味では戦勝の喜びともいえるし、得られる恵沢は「祈闘の戦果」ともいえるのです。

祈りの内的および外的な成果については、既に前章の9で説明しましたので、さらに別の観点から述べてみます。

祈祷は、サタンとの闘いに勝つための最大の武器であるといえます。

エペソ人への手紙六章十二節に、「わたしたちの戦いは、血肉に対するものではなく、もろもろの支配と、権威と、やみの世の主権者、また天上にいる悪の霊に対する戦いである」とあります。私たちは日々の生活で熾烈な霊的闘いをしています。正しい祈祷によって、神に導かれることなしに、サタンとの闘いに勝つことはできません。

様々な誘惑があります。しかし、三度誘惑があれば、四度祈っていくのです。三度罪を犯せば、四度祈っていくのです。「絶えず祈りなさい」(テサロニケI五・一七)といわれるように、私たちには祈りが必要です。誘惑に打ち勝つ力を、祈ることによって切に求めなければならないのです。

2 困難を乗り越える力

文鮮明《ムンソンミョン》先生はこう語られています。

あなた方は、祈りの重要性について分からなければなりません。信仰の確信のある祈りは答えられます。

祈祷によって力を与えられます。また、祈りによってビジョンを受け、未来を見ることができ、未来を導くことができます。そして、どのような困難がきても、それを乗り越えて発展させることができます。そうすれば、あなた方は大きな仕事ができるのです。祈りだけが、そのような道を開拓できるのです。（「祈祷の重要性」一九七九年四月十五日、ベルベディアにて）

祈りは、私たちが困難にぶつかった時、それを乗り越える力を与えてくれます。別の言い方をすれば、祈りとは接着剤のようなものだといえます。ある事柄に、神をかかわらせる業なのです。私たちには困難なことに思えても、神にとって不可能なこととはいえません。神のみ手がそこに加わるようになった時には、既に困難が一歩克服され始めているのです。

3　不可能を可能にする力

祈祷の力は、なんと強いことでしょう。限界がありません。そして、どこにでも行けます。祈りの力によって全霊界を動かすことができます。私の霊的力は、あなた方の祈りを通して働きます。あなた方が祈れば、奇跡が起こります。そして教示するでしょう。正しい方向・環境・姿勢をもってすれば、奇跡が起こります。（前掲）

こう文先生が言われるように、祈祷は不可能を可能にする力を与えてくれます。これは何も、大変な目標や課題が祈りによって全部解決され、棚ぼた式に実績が与えられるということをいっているわけではありません。しかし、現実に私たちが一つ一つの摂理の課題に取り組んでいく場合、与えられた責任分担や目標を目指していく場合に、意外なことを体験するのです。

どんな分野においても、天から与えられる目標を最初に責任者から聞いた時には、とても不可能にしか思えない大きな目標であることが多いと思います。いけないと思いながらも、「いやー、それは難しい」と感じてしまうのです。「今までの自分の経験やいろいろな事情から見ても、現状から見ても、それは難しい」と実際に思ってしまうのです。悪いといわれても、そう感じるのだから仕方がありません。

しかし、そこからが大事なのです。自分の感情や判断で無理だと結論を出してしまう前に、その問題をかけて三度まで祈ってみる必要があります。すると、不思議なことが起こってくるのです。一見、不可能としか思えなかった目標や課題が、祈っているうちに「いや、不可能とは言えないのではないか」と思えてくるのです。翌日また祈っていると、「いや、できるかもしれない。あんな方法、こんな方法もあるかもしれない」と思えてきます。さらに深く祈り込んでいくと、「いや、これはできる。絶対私たちがやらなければならない必要最低限の天の摂理なのだ」ということが分かってきて、それにかける神様や文先生の言うに言えない切実な心情が分かってきます。それに従って、「これはやれば絶対できる！　できないことを神は与えないし、絶対に道がある」という確信にまで変わっていくのです。

このように、最初は不可能としか感じられなかったことが、祈りの中で咀嚼《そしゃく》され、神とのかかわり合いの中で練っていくことによって、「できる」という確信に変わっていくことがあるわけです。

責任者にとっても、与えられる目標をどのように自分の中で咀嚼するかということは、大変な闘いであり、葛藤があります。それを全く咀嚼しないまま、自分の部下に与えてしまうことは簡単なことですが、それでは初めから駄目な結果が分かっているようなものです。自分ができると思わないのに、部下に言っても難しいのです。自分の中で咀嚼されて、絶対できるという信念と確信をもった段階で、兄弟たちに具体的方法も伝え、一緒にやっていく場合は、全く結果も違ってくるでしょう。

4　何が重要かを教えられ、それを実行する力を与えられる

祈祷によって、摂理において何がより重要であるかということを教えられます。また、力のない私たちに、それを実行する勇気や力を与えてくれるのです。

5　かたくなさを砕く力

祈祷によって、なかなか素直になれないかたくなで傲慢な私たちも、涙の祈りに導かれ、その悔い改めによって心が洗われて、謙遜になり、神の前に平安を得ることができます。自らのかたくなな心を砕いてくれる力であるといえます。

6　愛する力・許す力

表面的には、いつもにこにこしているように見えたり、冷静な人に見えたりしても、実際には悩みが多かったり、情が激しいタイプの人もいます。表面に出るか出ないかは別にして、み旨の道における様々な人間関係の中では、残念ながら、どうしても許せないと思うようなことがあります。屈辱を与えられ、傷つけられた場合に、何としてもしっぺ返しをしなければ納まらない復讐《ふくしゅう》心ともいうべきものが、私たちの心理の中には根深くあるのです。要するに許せないのです。

自分に対してよく仕えてくれたり、よく接してくれたりする人を愛することは簡単なことですが、許せない人、感情の中で〝殺してやりたい〟とまで思うほどの相手を愛することは、容易ではありません。愛するよりも前に、まず許すことができなければ、愛せないのです。許す能力を私たち自身の中に養わなければなりません。

しかし、完全に相手を許すことは、とても自分の力ではできないのです。復讐心を自分の中で消化し変えてしまうには、神に出会い、神との祈りの中から、神の立場に立って神の目から見たその人を考え、接し方を考えなければなりません。その境地にいかない限り、自分の中では消化されません。私たちの内における抑え難い復讐心は、祈ることなくしては消化できないのです。

愛は私たちの内にはありません。愛はメシヤを通して神から来るものです。愛し得る能力、その前に許す能力を、私たちは生涯をかけて養わなければなりません。そのためにも、神との関係を大切にしていくことが必要ですし、祈りはまさしく許す力、愛する力を与えてくれるものだと思います。

7　数えきれない恩寵《おんちょう》

祈祷には、そのほか数えきれない恩寵がありります。摂理に対してより敏感になったり、み言《ことば》や聖書がより深く分かったりするようになります。また、頭がすっきりし、聖化されてスカッとして一日を歩め、霊的、肉体的疲れが飛んでいきます。さらに、アイデアが与えられたり、伝道が進んだりということが起こります。また、仕事がはかどったり、導かれた渉外ができたりといった具体的なことがたくさん起こってくるのです。そしてもう一つは、この道を歩むに当たって、傲慢になること、自信喪失することから救われることではないかと思います。

誰でもこのみ旨の道を最後まで全うし、天国まで行って神と共にありたいと思って出発します。しかしその途中で、本人の願いに反して、去ってしまうこともあります。耐えられないような人間関係の難しさによって、あるいは霊的問題や情的問題に巻き込まれたり、様々な試練があったりするのです。

サタンが私たちを陥れようとするとき、大きく分けると、二つのパターンがあります。一つは、「あなたは特別である。特別の使命がある」と言われ、持ち上げられて傲慢になり、足元をすくわれていく場合です。もう一つは、「全くお前は駄目なやつだ。罪だらけで、汚い。お前のような者がここにいる資格があると思うのか」とささやく時です。むしろ良心的な人であるほど、自分の罪を見つめて葛藤し、自信を失うのです。どちらにしても、結果として私たちをこの道から離れさせてしまえば、サタンの勝ちであり、サタンの目的は達せられたことになります。

そういう意味において、「神よ、どうぞ私を決して傲慢にさせないでください」と祈ると同時に、「神よ、どうぞ私から決して自信を失わせないでください」と祈らざるを得ないのです。過大評価も過小評価もされることなく（むしろ過小評価されるくらいがいいのでしょうけれども）、自分のありのままの姿で歩めることが、ありがたいことだと思います。

第七章　深い祈り

1　霊的問題に巻き込まれないために

私たちは、どうしても霊的現象に関心をもちます。夢でこのように言われた、霊が現れてこう言った、などいろいろあります。しかし、私も体験してきたことですが、善霊を名乗って現れたり、イエス様の名前を名乗ったり、文《ムン》先生の名前を語って現れたりする悪霊現象もたくさんあるわけです。

その場合、最初は私たちの摂理に応援する形でくるのです。摂理に一生懸命協助し、完全に善なる高級霊、「神の御使《みつかい》」の業であると私たちが信じ込んでしまった時点で、今度は方向性をずらせてきます。責任者とぶつからせたり、様々な問題を起こさせたりするのです。

もちろん、今は十年前、二十年前と違って霊界も随分整理され、高い霊界が相対します。また、真《まこと》の父母様の御家庭の勝利による恵みの中で、導かれて深い祈りに至ることのできる恩恵の時が来ているとも感じます。

ただ私たちがまだ幼い立場にある限りは、いろいろな霊的試練があります。その場合、あまり霊界に関心をもち過ぎてはいけないのです。既に前述したように、霊的な現象のほとんどは、先祖の霊がもたらすものです。

霊界にいる人と私たちの違いは、肉体があるかないかです。同じ霊人体を両方とももっているのです。ところが奇妙なことに、肉体と霊人体をもつ責任者のことは聞かないで、肉体のない霊人体としての先祖が現れて言ったことは絶対だと思ってしまう場合があります。これは危険なことです。その人が霊界の言いなりになることを確認すると、今度は善霊を装った悪霊たちが、その人を主管するようになることがあるのです。

私たちがはっきりと知っておかなければならないのは、「霊界イコール神様ではない」ということです。霊的体験をしたからといって、それは厳密な意味での神体験ではないのです。霊界も地上界もお造りになった天地創造の無形なる神を知ることが重要なことです。もちろん、先祖の霊による業も、その背後に神のみ手が働いていることがありますから、広い意味では、神のみ業であるといえる場合もあります。しかし、神と霊人との区別をはっきりさせておくことは重要で、それを混同すると霊界に主管されてしまうことがあるのです。真の父母様の立てられた責任者に従い、地上の秩序に従って歩むことが大切です。

2　真の父母のみ名によって神に祈る

祈りの最初に、「天のお父様、天地人真の父母様、興進様《フンヂン》……」といろいろ呼び掛ける人がいます。「いったいどこまで言ったらいいのでしょうか」という質問を受けたことがあります。その心情は理解できますから、「どこまで」とあえて規定するつもりはありません。ただ、祈りの原点を知っておくことが必要です。

祈りは、真の父母、すなわちメシヤを通して、神に捧げるものです。ですから、原則的には「天のお父様」だけでいいのです。

さらに、「お父様、お父様、お父様……」と言っているうちに、「どちらのお父様だったのだろうか」と分からなくなってしまう人もいます。もちろん真の父母は、天のお父様と一つになられた方であり、その代身として立っておられますから、心情的には私たちは神に対するように慕ってよいわけです。

また、私たちは神の御苦労といっても、もう一つピンとこないのですが、文先生の御苦労というと、興南《フンナム》収容所での様子やダンベリーの連邦刑務所での様子がサーッと浮かび、情感がわいてくることがあります。神を求める心情が薄くなってくると、文先生に対しては情がわいてくるし涙が出てくるのに、天地創造の神に対しては情感が薄くなってしまう場合がないとはいえません。

問題は、文先生がなぜあんなに御苦労の生涯を送られるのか、ということです。それはどこまでも、目に見えざる神の痛みや悲しみや喜びの心情を私たちに伝えるためです。見えざる神の心情を、目に見えるがごとくに分からせるために、実体をもったお父様があのような苦労の道を行ってくださっているのです。そして、真の父母を通して神の心情を知るということが、最も重要な私たちの課題です。

そういう意味において、真の父母を慕う心情での「お父様」と、天のお父様に対する「お父様」が、ある時には渾然《こんぜん》一体となってくるのです。それは自然なことであり、良いとか悪いとかの問題ではないと思います。ただ基本として知っておかなければならないのは、どこまでも真の父母のみ名によって、天地創造の唯一、絶対なる神に対して祈るということです。

3　神の痛みを解放するために

私たちが個性完成するということは、神の心情を体得することであるといわれています。神の心情を体得するためには、神を知らなければなりません。では、神を知るとは、神の何を知るのでしょうか。

ある人を知るということは、その人の名前や顔形を知ることだけでは十分ではありません。一緒にお付き合いをすることによって、どんなことができる人なのか、どんな性格の人なのか、その個性や能力を知ることができます。しかし、それでもその人の人格まで知ったことにはなりません。その人の人となりを深く知るためには、その人の生い立ちや、たどってきた事情を知らなければならないのです。そしてその事情の背後に、その人の心情が隠されているのです。

「統一原理」は、天地創造から始まって、堕落によって子女たちが失われたいきさつ、そこから人間を救おうとしてこられた復帰摂理における神の事情を私たちに教えています。まさしく、神の事情を通してその心情を私たちに解き明かしている神学なのです。その事情の背後には、六千年の言うに言えない神の心情があるのです。それを知らなければ、神を知ったことにはなりません。

そう考えますと、この道を歩み始めたばかりのほうが、むしろ神の心情を必死で探り求めており、神を求める心情が強かったかもしれません。いつしかマンネリ化した信仰生活となり、単なる活動家、仕事屋になってしまわないとも限らないのです。

天宙復帰の道を歩まれる文先生の動機は、何でしょうか。それは、神の痛みを解放するためです。

一九七六年、文先生が日本に来られた時に、幹部を前にこう語られました。「むしろ君たちは偉いよ。このみ言《ことば》を知りながらも、この道を離れることができるのだからね。しかし、先生はたとえ死が待ち構えていたとしても、この道を避けていくことはできない」。それを聞いていた者としては、「それは先生は特別な使命をもっておられる方だから」という次元でしか受け取れなかったのです。しかし、その次に先生の口から出てきたのは意外な言葉でした。「先生は神の心情を知ってしまったんだね」と言われるのです。

また、大西洋のボートの上で、文先生はある方にポツリと語られたそうです。「先生の今までの半生はね、たった一つのことだけを考えてきたよ。神をいかにして慰めることができるかと」

そして、またある時はこう語られました。

「我々がどんなに苦労したとしても、それが問題ではない。しょせんは六十年か七十年の限られた苦労である。しかし、神の御苦労は容易に言葉で言い表せるようなものではない」

韓国には、一般にもクリスチャンの霊能者が多くいます。ある霊能者が神の前に「文先生とは、どのような人なのですか」と真剣に談判祈祷していくと、返ってくる答えは、ただ涙、涙だというのです。とにかく涙が流れて、おえつが始まります。文先生のことを神に問うていくと、神が泣かれるというのです。それは私たちが計り知ることのできない、深い世界です。

私はいつも文先生のお祈りを聞くたびに、ショックを受けます。「天のお父様……」と呼び掛けられたそのあとから、もうおえつが始まるのです。込み上げてくるものを抑えるようにしながら、いつも祈られます。私たちの祈りとは何と次元が違うことでしょうか。それと比べたら、私たちの祈りは実に淡白で、形式的と言わざるを得ません。

先生の祈りは、私たちのように漠然と神を思っての祈りではありません。神を実感しておられるのです。重要な摂理のすべてを具体的に神と話し合い、神から答えを得てお決めになり、すべてのことを成していかれます。また、一言「父よ……」と呼ぶだけであとは声にならない、天のお父様との間の深い心情の絆を感じさせられるのです。そこに、最高の祈り、祈りの完成の姿を見ます。

私たちにとって、祈りの最大の目標であり、師であり、仰ぎ見る見本は、イエス様であり、文先生です。神の心情、神の痛み、言うに言えない悲しみを御自分のものにされ、神との深い境地に至られたメシヤにいかに近づいていくかが、私たちの生涯の課題であろうと思います。

私たちは、確かに今まで愛されてきました。今も神から愛されています。今後も神は、私たちを愛してくださるに違いありません。けれども、その愛に甘えていてよいのでしょうか。

神が愛であることは、二千年前からイエス様を通して明らかにされています。しかし、もっと深い神の心情、痛みを解き明かしてくださったのは、文先生が初めてでした。

三人の子供がいて、上の二人は健康だが末っ子は重度の心身障害児だという家庭がありました。親にとって、上の二人の子供が、ハイハイを始め、立って歩くようになり、小学校、中学校、高校へと、成長していくすべてのことは、うれしく、楽しい、刺激です。それは愛することのうれしさに満ちた、喜びの愛なのです。そして、三番目の子供を愛する時は、その子にはほかの子以上に心情がいきます。一歩でも半歩でも良くすることができるなら、どんな犠牲をも惜しまないでしょう。それゆえに、より以上に愛するのです。

愛される側から見れば、どれも同じ愛です。しかしながら、愛する側から見た場合には、全く違うのです。二人の健全な子を愛する場合は、愛すればそこに刺激があり、希望があり、喜びがあり、楽しみがあり、力がわいてきます。それは喜びの愛であり、楽しみの愛であり、刺激の愛であり、希望の愛です。しかし、三番目の子を愛する時には、どんなに愛情を注いだとしても、喜びよりも痛みを感じるのです。愛すれども悲しく、愛すれども悔しく、愛すれども痛い、どこにぶつけていいか分からない、どうしようもない痛みと、悲しみと、義憤を伴う愛なのです。

神の愛が深ければ深いほど、その痛みも大きいのです。神の子とは似ても似つかぬ姿になっている人類を六千年間見続け、今なお、だまし合い、殺し合い、憎み合っている姿を見る親なる神は、気も狂わんばかりの心情なのです。その神の事情、心情を知った時にこそ、なぜかくまで急いで人類救済をしなければならないのかということが、初めて実感として、情感として分かってくるのです。

歴史上には、多くの理想世界建設の運動や社会変革の運動がありました。しかし、それらと文先生がなさろうとしていることとは、動機において根本的な違いがあります。人間が不幸であってはならず、幸せにならなければならないから理想世界をつくる、というのが今までの運動の根拠でした。しかし、それでは、なぜ私たちは幸せにならなければならないのでしょうか。なぜ理想世界を築き、地上天国、天上天国を築かなければならないのでしょうか。それは、そうしなければ神の痛みが終わらないからなのです。恐ろしいばかりの痛みから神を解放して、本来の創造理想である神と人とが共に喜ぶ世界を実現するためなのです。私たちは親である神のために、このみ旨の道を全うしていかなければなりません。

私たちがみ旨の道を歩むに当たって、まず決意しなければならないことは、我を忘れて人を救うことは当然ですが、自分も最後まで歩み抜いて必ず天国までたどり着かなければならないということです。どんなに弱く足りない自分であったとしても、はいずってでも、引きずってでも何とか自分を最後まで引っ張っていって、天国人の一人にならなければならないのです。自分を神の喜びの対象にしない限り、神の悲しみは終わりません。天国ができ、すべての人が救われたとしても、神の子女が一人でも、地獄の底で苦しみもがいている限り、親の悲しみ、痛みは終わりません。そのように見た時、天宙復帰とは恐ろしいほど厳かなものです。

私たちは天宙復帰を決意して、このみ旨の道に来ました。神に喜びを返すために、神の愛に報いるために、本来の親と子の関係を回復するために、この道を歩む決意をしたわけです。まさしく天宙復帰とは、最後の一人まで、地上のすべての人を神の元に帰し、霊界のすべての人を帰すまでは、終わらないのです。そのために生涯をかけておられる真の父母様です。私たちもまた、真の父母様に従って、神の痛みの解放のために、その心情の万分の一でも知って、祈りながら歩んでまいりましょう。

第八章　私が祈祷と取り組んだ理由と恩恵

今まであまり詳しく書かなかったことですが、私自身が祈祷と真剣に取り組むことになったいきさつと、その中でどんな経験をし、どのような恩恵を得たのかを告白しておきたいと思います。

1　私が祈祷と取り組んだ理由

一九六七年三月、十九歳で入教した私は、激動の中を一心にみ旨に向かい歩んできました。そして、駆け抜けるように九年の歳月がたった一九七六年の春、二十八歳のときのことです。ふと振り返ってみると、講義練習を積んで原理講師になり、伝道では十人の霊の子女ができ、万物復帰や渉外活動という天の訓練も受けながら、気がつけば、岡山県の地区長として信徒の前で説教をする立場になっていました。

入教初期のころ、祈祷も自分なりに真剣に神に向かい、何度かの貴重な神体験もさせていただきました。しかし、じっと反省してみると、祈祷という面に関する限り、まだ本当の意味で勝利できたという実感がありませんでした。祈祷に取り組む時、どうしてもある種の苦痛を感じ、避けてきたような後ろめたさがありました。

私は、「どうしても避けては通れない。自分の信仰生活の中で、一生に一度は祈祷と真正面から取り組まなければならない。そして、祈祷に対する苦手意識を克服して、神様の心情に通じ得たという実感をつかみたい……」という気持ちを強くもつようになり、祈祷と本気で取り組む決意をしました。

祈祷は、もちろん自分の内的課題だけを追求して祈り込んでいくこともできますが、私の場合は、「より公的な祈りが良い」と言われた文《ムン》先生のみ言《ことば》に従って、中心摂理のために祈りながら、その中で自分の内的課題を追求していくことに決めました。

ちょうど、そのころ、真《まこと》の父母様から重要な摂理が発表されました。六月一日、アメリカ・ニューヨークのヤンキー・スタジアムで五万人大会を開催し、その成否にアメリカと神の摂理の運命がかかっていると言われました。その勝利のために、既に多くのメンバーがアメリカに渡っていました。

私は地方の責任者として、動くことができない立場でした。しかし、たとえ日本の片隅にあっても、「祈祷の力」で、「この大会に参加し、この大会の成功に貢献できた」と自分自身で納得できるほどに真剣に祈ってみたいと思ったのです。ですから、この大会の勝利を第一の祈祷課題（項目）にしました。

第二の祈祷課題は、その年の日本全体の中心摂理で、伝道による「人材三倍加」でした。文先生の言われた「三倍加」というのは、「三倍を加える」という意味で、「四倍化」のことでした。全国の各地区が丸一年をかけて「本部会員を四倍化」することが天の願いでした。

当時、一般会員とは賛同ないし礼拝参加レベルの会員で、本部会員とは祝福対象となり得る実践活動メンバーのことでした。実働メンバーの四倍化というのは容易な目標ではありません。この勝利のためにも、祈りはぜひとも必要でした。

そして、もう一つの祈祷課題は、自身の祈祷の世界を開くことでした。神様に通じる祈りができるようになりたかったのです。

こうして、三つの課題を中心に祈り始めましたが、あえて時間配分で言えば、十のうち六を「ヤンキー・スタジアム大会」勝利のために、三を「三倍加伝道」勝利のために投入し、そして、残りの一を自身の課題と諸々の課題のために祈ったように思います。

三月から六月一日の大会当日までの三カ月間、毎日、朝の六時三十分から、祈祷会をもちました。十人ほどの食口《シック》たちも共に、祈りの座に加わってくれました。最初は輪になって、『御旨の道』などのみ言の輪読をし、そのあと、二十一分間全員で集中して祈祷をしました。今まで、一つの摂理のためにこれほど真剣に祈ったことがない……というほど渾身《こんしん》の力と心情を込めて祈りました。「この心情がすべての障壁を突き抜けて神様に通じよ！　そして、太平洋を越えてアメリカに届け！」という気迫で祈ったのです。

しかし、最初は、毎日祈っても、「神様に通じた！」という実感がもてるような祈りに至れませんでした。祈祷についての珠玉の指針ともいえる「祈祷の重要性」（一九七九年）というみ言が語られる三年も前のことであり、その当時は、日本の我が教会では、信仰生活講座の中で、簡単に聞く程度で、まだ「祈祷学」というほどのまとまった文献もなく、祈祷についての手ほどきをしてくれる先輩も身近にいなかったため、私にとっては全く暗闇を手探りで進むような気持ちでした。真剣に立ち向かっても何の手ごたえもつかめないままに終わって、砂をかむような惨めな思いを味わう日が続きました。

霊的に敏感で、すぐ祈りの世界に溶け込めるようなタイプの方から見れば、そんな私の姿は愚かに見えたかもしれません。こんな自分でも祈りの道が開けるのだろうか……？

そんな、不安さえありました。

しかし、やはり、神はおられました。神は切に求める者を見捨てることをせず、関心をもつ者を導いてくださいます。

祈りと取り組み闘っていく途上で、文先生の祈祷についてのみ言に数多く出会うようになりました。また、自分と同じように祈祷の困難さと苦しみを味わいつつも、なおかつ、それを乗り越えて見事に神に通じる祈りをつかんだ既成教会の先人たちの著書に出会うのです。その中でも、『祈祷の生涯』という著書を通じての佐藤雅文牧師（故人）との出会いは、正に天の導きでした。この良き「戦友」との出会いが、くじけそうになる私を勇気づけ、暗中模索しながらさまよう者を、あたかも北極星のようにきらめいて私を導いてくれました。

これらのみ言や著書を読んで、「そうか！」と感じたら、すぐそれを取り入れて祈祷に取り組むのです。こうして、読んでは祈り、祈っては一日行動し、行動してはまた祈る……これを、毎日、毎日繰り返していきました。そうしていくうちに、だんだん祈りのコツがつかめるようになり、神様の臨在を感じるに至るまでの時間が、最初は長くかかったのですが、短時間で、その世界に入れるようになってきました。

そして、ついに祈りの絶頂の時、六月一日。三カ月間の祈祷の目標であったヤンキー・スタジアム大会の当日が来ました。アメリカ時間に合わせて聖日礼拝を祈祷会に変え、食口たちと一緒に最後の全力祈祷をしました。この時、私は深い神の心情に触れることになりました。なぜ、真の父母様が、かくまでして、アメリカに渡ってこのような大会をなさるのかということに対する深い神の事情と心情を教えられたのです。そして、真の父母様が、なさっていることはすべて、二千年前、イエス様がなさろうとしたことであり、この大会も、イエス様がローマ帝国に行ってなさりたかったことを、そのままなさっておられるにすぎないのだということを、理屈としてではなく、実感として知ったのです。「お父様は、イエス様なんだ！　ああ神様！」と叫んだ瞬間、私の体を電撃が突き抜け、言葉に言い表せない神様の熱い切ない心情が私を覆い、その場で慟哭《どうこく》しました。

この神様との出会いは、忘れることができない貴い体験でした。そのこと自体は良かったのですが、ただ、手放しでは喜べませんでした。なぜなら、そのとき私が感じ取ったのは明るい勝利の霊的雰囲気ではなく、なんとも言えない深刻な霊的波動でした。「おかしい……、果たして、大会は成功できたのか……？」私は気が気ではありませんでした。一日が過ぎて、やっとアメリカの様子が伝わってきました。果たして、この日の大会は、テロリストが文先生の命をねらいＦＢＩがそれを阻止しようとセキュリティーを配置するという緊迫した状況で、さらに、開会直前まで雨と突風が吹き荒れるという嵐の試練の中で、神とサタンのすさまじい奪い合いの末に、真の父母様の絶対不動の信仰によって、かろうじて乗り越えた勝利であったことが分かりました。

この大会が終わった時点での私の祈祷は、多くの点で格段の進歩が得られたもののの、まだ本心から納得のできる世界には至っていませんでした。そんな心境でいたとき、真の父母様が、さらに驚くべき摂理を発表されたのです。「マディソン・スクェア・ガーデン大会は蘇生《そせい》期、ヤンキー・スタジアム大会は長成期である。完成期としての五十万人大会を九月十八日にワシントン・モニュメント広場で実施する」と宣言されたのです。私は驚きました。あまりに巨大な目標であったし、もう、わずかな時間しかありません。しかし、次の瞬間、「そうか、よし、今度はこの大会に向けて、真剣に祈祷に取り組もう。その中でさらに祈祷の世界を磨いていこう」と思ったのです。

それから、九月十八日まで、また同じように毎日、早朝の祈祷会を計画し、十人余りの兄弟姉妹たちを伴って取り組んでいきました。この後半の祈りの闘いの中で、新たに、Ｅ・Ｍ・バウンズ師の著書『祈りによる力』『祈りの目的』との出会い、Ｐ・Ｔ・フォーサイス師の著書『祈りの精神』との出会いがありました。

文先生のみ言とイエス様のみ言、佐藤牧師をはじめとする先人たちの言葉、そして、一緒に祈祷の座を共にしてくれた兄弟たち、このような「祈祷の戦友」たちに助けられながら全身全霊で祈祷に打ち込んでいった時、霧が晴れていくようにより深い祈祷の世界が開けてきました。祈り始めたときの重圧感を乗り越えて、神様の臨在を感じ取った時の、なんとも言い難い喜びと甘美な味わいも知ることができるようになっていました。

ワシントン大会の当日を迎え、兄弟たちと一緒に、最後の全力祈祷をしました。このときは、ヤンキー・スタジアム大会の時とは違って、明るい霊的波動を感じ取り、「ああ、大会は成功したな」と感じました。そのごとく、ワシントン・モニュメント広場には、アメリカ建国二百年祭を祝賀するために、全米から集まったバスが長蛇の列を成し、数十万人の人々が、文先生のメッセージに耳を傾けたのでした。わずか四十日間という短い準備時間と、少人数の力で、このような大会が成功したのは、正に奇跡であり、アメリカ史上かつてないことでした。

このような取り組みから、私が感じてきた祈りの世界を、少しずつ兄弟姉妹に伝えながら、その後、神奈川、北海道と任地が変わっても祈祷の場はもっていきました。

2　祈祷によって与えられた恩恵

この一年間の闘いだけを振り返ってみても、私は祈りの中から、自分の生涯の宝物となる数々の恩恵を頂いた気がします。

①神様の心情がより近くに感じられるようになったこと

短時間でも、集中して祈れば、神の臨在を感じることができるようになりました。

②メシヤに対する心の底からの確信が得られたこと

私は、ひたすら神を求めて祈っていったのですが、神様に近づけば近づくほど、不思議と父母様が近くなったのです。神様の心情に触れると、神様が真の父母様をどれほど愛され、いとおしく思っておられるかということが伝わってきたのです。

③自分の罪深さに気がつき、傲慢さを打ち砕かれ、謙虚になれたこと

若いころ、自分がとってきた言動が、いかに高慢で、恥ずかしいものであったかを気づかされ、兄弟姉妹を決して傷つけないように努力しようと思うに至りました。

また、自分の罪深さを痛感し、私に救い主が必要であることを実感することができました。それまでは、私にとって「真の父母様」は、「この世を救うメシヤ」ではあったのですが、「私自身に必要不可欠の方」、「私の罪を救ってくださるメシヤ」としての実感が乏しかったのです。

④ 愛が根底にない説教は、裁きにこそなれ、兄弟を真に生かすことができないということを悟らされたこと

み言は、救いにも裁きにもなります。み言は「剣」であるから切れ味が良いのです。どんなに立派なみ言をとうとうと語れても、その心に本当に相手を思う温かい愛情がなければ、その人の魂を生かすことはできず、語れば語るほど、聞く人を苦しめ裁いてしまうものであることを知らされました。

このとき以来、私の説教の仕方は大きく変わりました。説教の数日前から必ず準備をし、兄弟姉妹の前に立つ前にも真剣に祈る習慣をつけるようになったのです。別室で、聞く人たちの顔を思い浮かべつつ祈ります。「神よ、私に彼らを愛し得る心を与えてください」と祈り、相手が大切に感じられ、いとおしく思う心情がわいてきてから、壇上に立つようになりました。不思議にも、それから日を追うごとに、礼拝の参加者が増えてきたのです。

⑤聖書の世界が開け、キリスト教神学が分かるようになったこと

聖書とキリスト教神学に対する霊的な壁のようなものが除かれ、そこに関心がいき、よく理解ができるようになりました。聖書の注解書を踏まえながら福音書をたどると、今までとは全く違って、当時の時代的背景と社会的背景がよく分かり、二千年前のユダヤの地にいるような臨場感をもって、イエスの生涯をたどることができました。

また、クリスチャンの信仰と心情を知るために神学を学び始めました。特に、小山田秀生先生が推薦してくださったヘンリー・シーセンの『組織神学』を学ぶことによって、キリスト教神学の世界がより深く理解できるようになりました。同時にまた、あらためて、「統一原理」の偉大さを実感することになりました。

⑥ **イエス様を慕うキリスト教徒の心情が実感として分かるようになったこと**

十字架、復活、昇天、聖霊、洗礼、聖餐、終末、再臨、審判などの意味を理解するに従って、十字架を仰ぎ、イエスを深く愛し慕ってきたキリスト教徒の心を心情的に理解できるようになりました。

⑦ **祈りによって得た神の示し（インスピレーション）を実行することによって、伝道、教育、渉外等、すべての実務分野で創意が生まれ、大きな成果を与えられたこと**

私の毎朝の祈祷は、ただひたすら神に向かい、大半の時間を真の父母様中心のアメリカ摂理の勝利のために祈ってきました。そして、日中は日本の使命である伝道に投入していったのですが、気がついてみると、自分の責任分担であった「日本人材三倍加」の目標に対して、その一年間の目標を達成するという恩恵が与えられていました。一九七六年、岡山地区は、年間目標の一〇三パーセントを達成して、全国一位になっていました。

⑧ 祈りに打ち込むことによって、疲労が快復し、健康と気力が増したこと

正直に言いますと、毎日の活動の激しさと、元来丈夫でなかった私の体の事情のゆえに、この道に来て以来、いつも体力の限界と闘いながら歩んでいました。「もう今朝は祈祷を休もうか」、「きょうこそは一日休養したい……」と何度思ったことでしょう。しかし、そんな時、あえて祈祷の座に着き、力を振り絞って投入

すると、終わった時には、霊的シャワーを浴びたかのように、心情がすっきりして、疲れが癒やされ、元気が戻ってくることを幾度となく体験しました。

第九章　新しい時代の祈祷

1　主のみ名によって祈った時代

教会の歴史の中で、最初に祈祷の結びの文章が変わったのは、一九六〇年のことです。それ以前は、「主のみ名によってお祈りいたします。アーメン」と祈っていました。

既成教会では、「主イエス・キリストの名によってお祈りいたします」と祈っていました。私たちの教会では、既に再臨主の実体が降臨しておられましたが、まだ、真《まこと》の父母としては立っていない時代であったので、ただ「主」とお呼びすることにして、「尊き主のみ名によってお祈りいたします」と祈っていました。

一九六〇年までは、説教する時の祈祷は、イエス様のみ名によって祈祷せず、簡単に主のみ名によって祈祷すると言っていました。「主」という字は「王」の字

の上に点が一つあって、万王の王を表します。(二九五―二七〇、一九九八・九・八)

2　真の父母のみ名によって祈った時代

では、なぜ、一九六〇年からお祈りが変わったのでしょうか。この年、陰暦三月一日に「父母の日」が決定され、陰暦三月十六日には「御聖婚式」が挙行され、真のアダムとしての文鮮明《ムンソンミョン》先生が、新婦としての「真の母」を復帰し、名実共に人類の「真の父母」としてこの地上に立たれたのです。

その時から、正式に「真の父母様のみ名によってお祈りいたします。アーメン」とお祈りすることができるようになりました。以後、一九九九年九月九日の「天地父母天宙統一解放圏」宣布まで、四十年もの長きにわたって、食口《シック》たちはこのお祈りに親しんできました。

統一教会では、祈祷する時、「イエス様のみ名によってお祈りいたします」と言いません。片方だけなので嫌だというのです。それで、「真の父母様のみ名によってお祈りいたします」と祈祷します。

堕落とは何かといえば、偽りの父母をもったということです。皆さんは偽りの血筋を受け継いで生まれました。ですから、皆さんを正しい立場に立てるには、真の父母が再び来て生んであげなければなりません。それで統一教会では、祈祷するとき、真の父母様の名前で祈るのです。（四〇—三二六、一九七一・二・一二）

なお、この時代には、聖塩で聖別するときには、次のように祈りました。

「この〇〇を聖別し神のものとするため、父と子と聖霊と真の父母と私の名によってお祈りいたします」

3　氏族的メシヤ時代（家庭連合時代）の祈り

一九九九年九月九日の「九・九節」と翌十日の「三・十節」の宣布によって、祈祷の歴史において大きな変化がありました。

「真の父母様の勝利圏を祝福により受け継いだ祝福家庭○○○○の名によってお祈りいたします。アーメン」と、各自の名前で祈ることが許されるようになったのです。これは本当に驚くべきことでした。

お父様は、何十年も前に、「そのうちに自分の名で祈ることができるようになる時が来るんだよ」と語っておられましたけれども、こんなに早く来るとは思いませんでした。何となく、祈るたびに何か畏れ多いような、恥ずかしいような気持ちすらしました。

先生は、もう道をすべて築いておきました。私のすべきことはすべてしました。蕩減《とうげん》復帰摂理を完結しておいて、第四次アダム圏を宣布しました。皆さんは、イエス様の名によって祈祷せず、真の父母の名によって祈祷しません。神様は後回しで、イエス様も後回しで、そして真の父母も後回しでです。皆さんを前面に押し出すのです。誰の名によってお祈りするのですか？「真の父母様の勝利圏を祝福により受け継いだ祝福家庭誰それの名によって祈祷します」と言わなければなりません。（一九九九・一一・四）

一九九九年九月十四日午前七時四十五分（ニューヨーク時間）を期して次のように祈ることになりました。

祝福家庭の夫（または妻）は、

「真の父母様の勝利圏を祝福により受け継いだ祝福家庭○○○○の名によってお祈りいたします。アーメン」と祈ります。

その子女が祈祷するときは、

「真の父母様の勝利圏を祝福により受け継いだ祝福家庭○○○○の息子（娘）○○の名によってお祈りいたします。アーメン」

ただし、まだ祝福家庭でない食口は、従来どおり、

「真の父母様のみ名によってお祈りいたします。アーメン」と祈りました。

①自分の名前で祈れるようになった理由

本来、堕落人間は、直接自分の名によって祈ることができませんでした。神様は、神の子たるキリストを仲保として捧げられた祈りを受け取ることができたのです。それが今、「私たちの名前で祈る」ことができるようになったということはどういうことなのでしょうか。それは「私たちがメシヤになった」ということを意味しているのです。

では、どのようなメシヤになったのでしょうか。「氏族的メシヤ」です。ただ祝福家庭になっただけで自動的にすぐその名によって祈れるのであれば、ずっと以

前から祝福家庭はいましたから、その時点から祈ることができたはずです。しかし、祝福家庭ではあっても、「氏族的メシヤ」になるまでは、自分の名前で祈ることはできなかったのです。

②「真の父母様の勝利圏」とは何か

この場合の、「真の父母様の勝利圏」とは何かといいますと、真の父母様がその半生を通じて歩んでこられた、「縦横八段階の蕩減復帰路程の勝利圏」という無形の財産のことです。

僕《しもべ》の僕《しもべ》から、僕、養子、庶子、実子、母、父、神までの縦的八段階の心情復帰の道を、個人的復帰路程から出発して、家庭的、氏族的、民族的、国家的、世界的、天宙的路程と歩み、サタンを自然屈伏させて神様の解放までの横的八段階にわたってすべて歩みきって、人間として歩むべき蕩減復帰路程のすべてを歩み終えられた基準のことです。すべての段階で、アベルとして真の愛によってカインを自然屈伏させて、愛の勝利者として立たれたのです。一九八九年八月三十一日、アラスカにおいての「八定式」でその勝利が宣布されました。

③勝利圏相続の条件

私たちも天国に入籍する資格を得るには、真の父母様と同様に、縦横八段階の蕩減復帰路程を勝利しなければなりません。しかしながら、真の父母様は、我々が生涯かかっても同じ道を踏破することは容易ではないことを知っておられるがゆえに、唯一の方法として、私たちにその勝利圏を〝相続させる〟ことによって、私たちも縦横八段階を勝利した立場に立たせようとしてくださいました。

しかし、真の父母様の勝利圏を相続するためには、神もサタンも承認し得る最低限の本人自身の勝利基準が示されなければならず、それが、個人、家庭、氏族的路程までの三段階の蕩減復帰路程を勝利するという条件でした。

④還故郷・氏族的メシヤ活動の意義

そのために、一九九一年七月一日、「七・一節」（神様祝福永遠勝利宣布）とともに、全世界の祝福家庭に対して「還故郷・氏族的メシヤ活動」の大号令が下されたのです。自分自身の責任で氏族百六十軒を祝福し、解放、救済したという条件を立てなければなりません。本来は三年間で勝利すべきでしたが延長し、一九九七年、予備祝福活動の恩恵とともに、全世界の祝福家庭が一斉に取り組み、ようやくこれを越えたのです。

一九九七年、世界の祝福家庭は氏族百六十軒に聖酒を伝授し祝福を与えることによって氏族を救済した立場に立つことができ、氏族的メシヤになる道が開かれました。その予備祝福摂理は、一九九七年十一月二十九日のワシントンでの祝福式に向かう一年間をかけて、全世界的に取り組まれました。韓国でも日本でも、親戚を一軒一軒回りながら聖酒を伝授し、氏族百六十軒を愛して祝福した基準を立てました。その勝利基準を立てた祝福家庭は、「氏族的メシヤ」の立場に立つことができたので、真の父母様の勝利圏を相続することが許され、縦横八段階の蕩減復帰路程を勝利した立場に立つことができ、天国入籍の資格を得るようになったわけです。

⑤天地父母天宙統一解放圏宣布と新しい祈祷

一九九七年七月十五日、世界での予備祝福活動が三百六十万双を突破した段階で、八月九日（陰暦七月七日）天地父母天宙安息圏宣布がなされ、九月十一日、「第四次アダム圏時代」が宣布されました。さらに、十一月二十九日、四千万双祝福式がなされ、地上の大勝利によって、同時に霊界での霊人祝福が行われるようになりました。また、韓国が目標の百二十万双を大きく超え、日本も目標の二百十万双を達成することによって国家的重生の条件となり、九八年一月一日、真の父母様は、韓国を「アダム国家」から「父の国」へ、日本は「エバ国家」から「母の国」へと正式に呼ぶことを認められました。

九八年六月十三日、ニューヨークにて三億六千万双第一次祝福式挙行、翌九九年二月七日ソウルにおいて、三億六千万双第二次祝福式が勝利、六月十四日には「真の父母様天宙勝利祝賀」宣布とともに、お母様の使命勝利の表彰牌《はい》が伝授されました。

この地上に、氏族的メシヤである祝福家庭が増え世界的に基盤を拡大することによって、「天国の民」が立った条件となり、九九年九月九日、「天地父母天宙統一解放圏」が宣布されるとともに、「真の父母様の勝利圏を祝福により受け継いだ祝福家庭〇〇〇〇の名前でお祈りいたします」という祈祷が許されるようになったのです。別な言葉で言えば「氏族的メシヤ〇〇〇〇の名前によってお祈りいたします」という意味をもっています。

⑥入籍のための修練会

その後、二〇〇〇年二月十三日、四億双第一次祝福式が行われたのち、同年七月二十四日から、「入籍のための祝福家庭婦人特別二十一日修練会」が始まり、九月二十四日より「三時代大転換四位基台入籍統一祝福式」が行われ、三十六家庭を先頭に、全世界の祝福家庭が、国家的次元の祝福を意味する聖酒を伝授されました。十月二十〜二十二日、ニューヨーク・国連において、WANGO（非政府組織世界協会）国際会議が行われ、国連が受け入れたことによって国家基準を超えた条件が成立し、神の国の出発の基礎が造成されました。

4　天一国《てんいちこく》時代の祈り

①神様王権即位式と報告祈祷

このような基台の上で、二〇〇一年は「天一国元年」が宣布されました。

二〇〇一年一月十三日、天城旺臨宮殿において、「神様王権即位式」が挙行され、地上天国が出発しました。神様が地上に降り立たれる歴史的な一瞬でした。そして、この時から、さらに大きく祈祷の仕方が変わったのです。なんと驚くべきことに、「祝福中心家庭○○○○の名前で、報告いたします」という祈りが許されることになったのです。

今や、二〇〇一年一月十三日から、祈祷の内容が変わりました。「祝福中心家庭誰それの名前により」祈祷するというのです。それをはっきりと知らなければなりません。その前は、何と祈祷しましたか？「真の父母様の勝利圏を祝福により受け継いだ祝福家庭誰それの名前によって祈祷します」と言いました。…中略…ところが、これが変わるのです。それはサタン側と完全に断絶されたということです。内的だけでなく、外的にも何の関係もありません。（三四三―一〇六、二〇〇一・一・一六）

皆さんが祝福中心家庭として報告することができるようになったのですが、その報告が堕落の圏内で捧げる報告になってはなりません。真の父母まで否定して本然の神様を父として侍ることができる立場にあるので、祝福の何ですか？　中心家庭です。祝福の中心家庭誰それの名前で報告するのであって、祈祷するのではありません。そのような時代になったということを知りなさい。（三四三―二五、二〇〇一・一・二五）

祝福中心家庭は堕落世界と何ら関係がありません。アダムとエバが堕落する前に神様の心情世界と連結されていたそのような立場でした。それが祝福中心家庭です。それは神様の創造理想を完成した家庭として堕落しないアダム家庭に代わる立場です。そのような立場で祈祷の代わりに報告するのです。そのように完成したアダムの家庭では祈祷する必要はなく、報告を捧げるのです。毎日報告をしながら理想世界を築いていくのが完成したアダムの行く道です。（三四三―一〇六、二〇〇一・一・二六）

以上のみ言《ことば》のように、天一国時代の祝福家庭の祈りは、自分の名前で報告するというかたちになります。

②「アーメン」から「アーヂュ」へ

さらに、もう一つ大きな転換があります。二〇〇六年九月十四日をもって、報告祈祷の最後の締めくくりの言葉が天一国時代にふさわしい新しい言葉に変わることになりました。今まで「アーメン」と唱えたところを、「アーヂュ」と唱えることになりました。「アーヂュ」は「아주（我住）」であり、その言葉の意義について、真の父母様は次のように語られました。

「『アーヂュ』は天国に住む。つまり、神様に侍《はべ》る私の家である。その家は、神様に侍る私が中心となって生きる場所として代表的主人が生きることのできる場所であり、究極的には、人間の前に故郷の家、天の前に祖国の根本である。私は、第四次アダム心情圏時代の主人として、全体、最高を代表し、私は天地を完成した主人にならなければならない。そして、漢字の『住』の意味として、人偏に主人の主と書くので、居住という『住』の字である。ゆえに、『アーヂュ』とは、『我住』の意味がある。

天地を完成した主人の代身の立場に立ち、天に侍って生きることを決意、誓約する意味で、報告祈祷の締めくくりに『アーヂュ』を使う。『アーヂュ』という確認とともに、私たちは天に侍る私の家を探して、私の家庭を成し、私の宗族《そうぞく》を成し、私の民族を成し、私の国を成し、私の世界を成すのである」（二〇〇六年九月十四日、天正宮《てんせいぐう》博物館訓読会におけるみ言）

したがって、天一国時代の祈祷は、正式には、以下のような報告祈祷となります。

祝福家庭の夫婦は、

「祝福中心家庭〇〇〇の名によって、報告いたします。アーヂュ」

また、祝福家庭の子女たちは、

「祝福中心家庭〇〇〇の息子（娘）〇〇の名によって、報告いたします。アーヂュ」

なお、天一国聖塩で聖別する時には、以下のように祈ります。

「○○を聖別し神のものとするため、天地人真の父母様と、真の子女様家庭と、天一国主人○○○○の名で報告いたします」

③天一国の主人として生きる

もう先生を求める必要はありません。先生をすべて知ったので、これからは天のお父様に、先生より何百倍以上侍ることができなければなりません。先生は、堕落した世界で蕩減復帰の道を開拓するために力を尽くしてきましたが、皆さんは開拓するために努力する以上に、神様の前に孝子となり、天国の忠臣となり、天国の聖人、聖子《せいし》としての道理を果たさなければなりません。そうしてこそ、神様が失った世界を復帰なさる喜びがより一層大きくなり得るという事実を知って、そのように歩まねばなりません。(三四三―二七、二〇〇一・一・一五)

なんと誇らしいことでしょう！　なんと素晴らしいことでしょう！　もはや、神と私との間には誰も仲保者がいないというのです。私自身が、神様と直接対面して生きる創造本然のアダム、エバの立場、あるいはその子女の立場であるということです。

毎日、み言集を訓読することによって、何が神様の願いであり、どうすることが神様に喜びを返し、親孝行できる道であるのかを悟って、そのとおりに一日を生活して、その結果を神様に報告する、そのような生活をしなさいというのです。

祝福を受けた家庭は、そのような基準に一日も早く到達することが願われています。そして、私たちの氏族をはじめ、いまだ「統一原理」も神様も真の父母様も知らずに生きている多くの地上人を一刻も早く伝道し、同時にまた、一日千秋の思いで救いを待ち望んでいる霊界の億千万の先祖たちを解怨して、祝福へと導いてあげるために、精誠を込めて邁進《まいしん》してまいりましょう！

第十章　子女への祈祷教育の仕方

1　なぜ祈りを教えなければならないか

①二世には自然に祈れる生活を

子供たちには、祈りが生活の中に自然に溶け込んでいるような、そのような人生を送らせたいと、私は思うのです。なぜかと言うと、一世は、激しい摂理に追われ、仕事に追われる中で、いつしか〝祈りの世界〟を忘れ、〝頭〟だけで走り続け、心情はからからに乾いてしまっているということが少なくありません。神様のみ旨をやっているのですから、本当は毎日の生活が生き生きと輝いているはずですし、喜びと感謝に満ちあふれているはずです。しかし、〝使命感〟だけで走っていれば、いつしか心が涸《か》れてしまい、つい口から不満と嘆きの言葉が出るようになりやすいのです。

新鮮な〝生命力〟、〝神の子パワー〟は、やはり大宇宙の根源者であられる創造主との直接の授受作用によってしか得られないのです。「だから祈らないといけない」、「祈りが必要だ」と頭で分かっていてもなかなかできない……。努力し、決意しないとなかなか祈りができない。そこに、祈りが生活化できていない私たち一世の悔しい姿を見いだすのです。

うれしい時も悲しい時も、楽しい時も苦しい時も、いつも自然に神様に語り掛け、神様に導かれて歩めたならどんなに幸せでしょうか。そういう理由から、子供たちには、自然に祈りが身につくような家庭環境をつくってあげることができたら、と思うのです。

夫婦が早朝に起きて子女の手を握って涙を流しながら祈らなければならない。それが知られるとき伝統となる。（『御旨の道』祈祷）

②なぜ祈るのか

親なる神と直接対話できる能力、すなわち、神と直接意思が通じ、愛情と喜怒哀楽を分かち合うことができる特権と能力は、人間にのみ与えられたものです。まさしく人間とは祈ることができる唯一の動物であり、「祈ることは人間の人間たるゆえん」なのです。

また、祈りは「信仰生活の核心」です。

どんな宗教にも何らかの形での祈りがあり、より高度な宗教はより高度な祈りの形と内容をもっているということができます。真の宗教と擬似宗教との違いは「祈りがあるかないか」で見極めることができます。また、ある宗教のレベルは、その宗教のもっている祈りの形と内容のレベルによって判断できます。そういう意味においては、私たちは真《まこと》の父母様の祈りに、「完成された祈り」を見ることができます。

「祈り」というのは本来「神との対話」です。天一国《てんいちこく》時代の今日では「神様への報告」です。したがって、祈りのない信仰生活というのはあり得ないのです。

③祈りは霊的成長に不可欠

祈りについて真の父母様は、こう言われています。「主に祈ることを多くしなさい。祈れば一人で生活しても絶対に寂しくない。祈りは呼吸するのと同じである。たくさん祈れば霊的に明るくなるし、善悪に対する分別力と感性が鋭くなる」

（『御旨の道』祈祷）

既に述べたように、「祈祷」と「み言《ことば》」と「実践」は信仰生活上不可欠の三大要素であり、この中のどれか一つ欠けても、バランスのとれた霊人体の成長ができないと言われます。

祈ることによって、心情で神の願いを感じ取って行動する。また、理性でみ言を学んで何をすべきかを悟って実践する。つまり、「神の愛」と「神のみ言（真理）」に感応して「実践」したときにこそ、「善の生力要素」が豊かに造成されて霊人体に吸収され、私たちの霊的成長がなされていきます。このように、精誠を込めた祈祷は私たち人間にとって、霊人体の完成＝人格の完成のために必要不可欠の要素だと言えます。

皆さんが祈祷をして、精誠を尽くすことは良いことです。きのう、お母様がお話しした内容は、子供がきちっと座り、精誠を込めている姿を見ると、恐ろしいというものでした。

祈祷をするとなぜ良くなるのかというと、精神力を集中すれば、観察力が良くなるからです。学校の先生が講義を始めると、次に出る試験問題が分かるようになるのです。試験問題を出そうとしている先生の心が分かるのです。なぜそうなるかといえば、祈祷することは、アンテナを高く上げることと同じだからです。アンテナを高くすると、小さな音も聞こえるようになります。それと同じです。精誠を尽くす人には、必ず未来が連結されるのです。ですから、啓示や預言はみな、精誠を尽くす人から出てくるのです。そのように、勉強して、精誠を尽くし、良い点数を取ることは、人類のために、神様のために、全体のためにすることなので、その試験の時には、あらゆる善なる霊人たち、その分野の専門的な善なる霊人たちがやって来るのです。間違いなくやって来るのです。

ですから、精誠を尽くして神秘的な境地に入り、何か文章を書いてみなさい。必ず名文が書けるのです。そのような境地に入ると、絵を描いてもそうなるのです。手先だけで絵を描くのではなく、『この手に、一つの偉大な画家が働いて、私を協助している』と、そのように思って精誠を尽くす中で描けば、名作が生まれるのです。ですから、良い作品をいつも壁に貼っておくのです。それで、偉大な科学者や偉大な芸術家たちは、必ず霊的に通じるのです。その人たちが精誠を尽くしているので、そうなるのです。ですから、勉強を熱心にしなければなりません。（一九八二・一〇・二〇、『二世たちの行く道』九〇頁）

2　子女の成長過程と祈りの教育

①胎教としての祈り（胎児のとき）

人間の成長過程において、胎教が非常に重要であるということは、既に御承知のとおりです。子女が胎内に宿った瞬間から誕生するまでの間に起こることは、子女の情操の根幹に大きな影響を与えると考えられています。

したがって、この時期は、夫婦が穏やかに過ごし、食事や栄養にも配慮が必要です。お母さん自体が毎日を感謝と明るい笑顔で過ごすことが理想的です。夫婦の不和やけんかを繰り返して、母親が不平、不満、怒り、憎しみ、恨み等の内的葛藤をもつことは絶対に避けなければなりません。

この時期は、聖歌を歌ったり、良い音楽を聞いたりするとよいでしょう。そして、おなかの中の子供に愛情を込めて優しく語り掛け、胎内にいる赤ちゃんと一緒にお祈りするような気持ちで、いつも神様にお祈りをするのです。おなかの中にいる赤ちゃんは、お母さんが歌う聖歌や、訓読や、お祈りの声を聞いています。

心情の波動として間違いなく伝わるのです。

②抱いて一緒に祈る（乳幼児のとき）

〝三つ子の魂百まで〟といわれるように、この時期も情操と知能の基礎が形成されていく大切な時期です。両親の激しいけんかや感情的な叱り方は、子供に深い傷を与えてしまい、一生のトラウマになることもありますので気をつけましょう。

【0～1歳児】親が抱っこして一緒に敬礼式をし、お祈りをします。子供の健康等に問題がなければ、敬礼式は親だけでお祈りするよりも、抱いて一緒にしたほうが良いと思います。

【2～3歳児】まだ言葉をよく話せないので、自分でのお祈りは無理ですが、子供に分かりやすい言葉でお祈りをすれば、子供は聞いています。この時期は、脳が基礎的な情報を驚くほどの力で吸収していくときですから、親の愛情は心に伝わり、言葉は脳にインプットされていきます。

③祈りの基本形を覚える（幼稚園～小学校低学年）

簡単なお祈りができるようにしなければなりません。そのためには、日常生活の中で、分かりやすい言葉で、お祈りを一緒に唱和するような形で教えます。最初は文章を決めて、ゆっくりと言葉を区切りながら祈ります。

親：「天のお父様」↓子供：「てんのおとうさま」
親：「おいしいお食事を」↓子供：「おいしいおしょくじを」
親：「ありがとうございます」↓子供：「ありがとうございます」

というように復唱させるとよいと思います。それをずっとやっていると、お祈りの基本が身についてきます。幼児期の祈りの基本例文としては、光言社の『おいのりします』という絵本がとてもよくできています。ぜひ、活用されたらよいと思います。〔推薦図書：『おいのりします』須永孝子（文）・坂本和子（絵）・光言社〕

④自分の言葉での祈り（小学校高学年〜中学生）

基本としての簡単な文章のお祈りができるようになったら、その後は生活の中でできるだけ本人に祈りの順番を与え、お祈りをさせるようにします。そうするとだんだんと決まった言葉ではなく、自分の言葉でお祈りができるようになります。また、真剣に祈っている親の姿を見ながら育っていくことができれば、子女は深い感化を受けていきます。

ただ、気をつけなければならないことが一つあります。ちょうどこのころ、つまり、小学校高学年から中学、そして、高校生ころまでは、いったん神様という存在が実感としては分からなくなる時期があります。大人は、このことに気がつかない場合があります。

幼児や小学校低学年の時には、「神様、〇〇〇〇……」と祈っていたとしても、厳密な意味での神様、すなわち、天地創造の無形なる霊的実在としての神様を理解できているのではなく、絵本に書いてある、丸に目や口を描いたお日様のような顔の神様を神様と理解している段階で、高度な抽象的概念としての神様はまだ理解できない年齢です。ただ、両親が「神様」をとても慕っているし、畏れ多く敬っていることは感じるので、「何か尊い存在なのだなあ」というぐらいの認識の段階です。

こんなお話があります。あるとき、幼稚園児の子女に「神様って知ってる?」と聞くと、「知ってるよ」と答えてくれました。「どこにいるの?」と聞くと、「ココ!」と絵本に書いた「お日様のような絵」の神様を指さしました。また、ある家庭でのことですが、小学生の祝福二世が、学校で神様のことを話しました。すると、友達から「神様なんていないさ」と言われ、「いや、ちゃんといるよ」と論争になりました。友達が「いるんなら見せてみろ」と言うと、その子は「じゃ見せてあげるから、ついて来て!」と言って自宅に駆け込んで、何かを持ってきました。「ほら、ここにちゃんといるよ」とかざしたのは、真の父母様のお写真でした。両親がいつも「神様……」と言いながら、お写真に向かって祈っているので、彼にとってはそれが「神様」です。

このように、幼いころは神様を抵抗なく受け入れていた子供が、小学校の高学年になると、科学的知識もついてきて、周りの友達や学校の先生も神様を信じていないので、今まで信じていたものが〝神様〟ではないと感じるようになります。かといって、〝時間・空間を超えて実存する無形なる神〟というような高度な抽象的概念はまだ理解できにくいので、〝いったん神様が分からなくなる時期〟があります。個人差はありますが、大体、小学校の高学年か中学生から、高校生ごろまでです。

そのために、この時期に、敬礼式や祈祷などの信仰儀礼を嫌がるようになったり、素直に従わなくなったりすることがあります。両親は、「今までまじめにやっていたのに、最近は反抗的で不信仰になった」と思い込んで、厳しく叱りつけたり、罰を与えたりしてしまう場合もあります。しかし、神様の存在自体が、実感としてよく分からないのに、形式としての敬礼式や礼拝、祈祷会などを強制的にやらせられると、本人にとっては苦痛で非常に反発を感じ、場合によっては教会や親の信仰活動が嫌いになって、成人するとともに教会から離れてしまうこともあります。

したがって、この時期は、あまり細かいことで口やかましく叱ったり、無理に形式を押し付けたりすることは控えて、「悪い道にそれなければよい」というくらいの大きい心で見守ってあげることも大切かと思います。

⑤祈りにおける自立（高校生の年代）

高校生になれば、家庭や教会学校など、みんなと一緒の場で臨機応変に基本的な祈祷ができるように導いてあげることが必要です。そのような中で、やがて自分自身が人間関係や、将来の進路など様々な悩みに直面するようになります。そして、自分とは何か、人生とは何か、いかに生きるべきか……というような本質的な問題を思索するようになって、真理を求める心情が芽生えてきます。その段階で初めて、本当の意味で原理が理解できるようになり、無形なる神様の存在も理性で理解できるようになります。

深刻な悩みに直面して、頭で考えてもどうしてよいか分からないという境地に追い込まれる。そんな時、生まれて初めて本当の意味で自分の心から、「神様！天のお父様！……」と叫ぶのです。その瞬間こそ、彼自身が真の意味で正面から神に向かった瞬間であり、「真の祈り」の誕生であり、「信仰者としての我」の誕生です。

この瞬間のことを私は「祈りにおける自立」と呼ぶことにしています。親であられる神がこの「天のお父様！」という子女の一言にどれほどの喜びと感動を感じられるでしょうか。その一瞬をどれほど待ち望んでおられることでしょうか。

⑥原理観に立った祈祷（大学生の年代）

日常における祈りは、個人での祈祷も、みんなと一緒の祈祷会なども普通にできるようになります。しかし、それ以上に祈祷が成長するには、「統一原理」を何度も学んで、理解を深めることが必要です。そうして、天地創造における神の希望と喜びの心情と、人間始祖の堕落から始まる神の悲しみの心情。復帰歴史の中で立てられた義人たちの信仰と失敗と、その背後にある神の深い愛と痛みの心情を探り求める祈り。そのような原理観、復帰摂理観に立った祈りができるようになれば、祈りはさらにより本質に近づきます。

⑦神体験に至る深い祈祷（大学生〜青年期）

小さいころから信じてきた神様が、「統一原理」を学ぶことによって理性的により詳しく分かります。しかし、「統一原理」を学んだだけでは、「神様はいるに違いない……」、「神様はいるはずだ」、「神様がいてほしい」とまでは感じることはできても、「神様がおられた！」という実感には至れません。「本当に神は実在されるのか」、「神は私にとって誰なのか」、「私は神にとって何なのか」という根本的な心の叫びに、明確な解答を得なければならないのです。

神に対する「絶対的確信」は、実践活動の中に全身を投入して、その最前線で「神体験」をするか、あるいは、本人自身が全身全霊で祈り求め、神霊との出会いを「実感体験」しなければ得ることはできません。

誰でも生涯に一度は、命懸けで神を求める祈祷に取り組み、直接、神の御霊《みたま》に触れて「永遠なる親の愛」を心情で実感することが必要です。

私たちは、「祈り」を通して永遠の親である神と通じ合い、語り合うことができます。

堕落した子女、人間に対する親なる神の狂おしいばかりの愛情と悲しみ。サタンに蹂躙《じゅうりん》されて凄惨な人生をたどる人間の姿を見つめてこられた神の胸の痛みがいかばかりのものであったのか、その一端でも感じたとき、なぜ真の父母様が、かくまで無理に無理を重ねながら、復帰の道を急がれたのかを知って慟哭《どうこく》するでしょう。

すべてを越えて私に注がれる神の絶対的愛を感じ取ったとき、その時こそ、「もはや、いかなる迫害も困難も神様と私を引き離すことはできない」という確信に満ちた真の神の子女の誕生なのです。

神の痛恨の心情を解放するために、真の御家庭と共に復帰摂理を担い、天国建設のために一生を捧げようと一人の子女がその道を歩み始めたとき、彼にとって「祈り」は、その生涯にわたって「最良の導き手」になってくれるでしょう。

【参考文献】

『伝統［第一巻］追補』伝統編纂委員会　光言社
『二世たちの行く道』世界基督教統一神霊協会　光言社
『御旨の道』世界基督教統一神霊協会　光言社
『祝福家庭と理想天国Ⅰ』世界基督教統一神霊協会　光言社
『天聖経』世界基督教統一神霊協会　光言社
「ファミリー」祈祷の重要性（一九七九年六・七月合併号）光言社
『天一国時代の祈祷』成和出版社
『祈祷の生涯』佐藤雅文　いのちのことば社
『祈りによる力』E・M・バウンズ　いのちのことば社
『祈りの精神』P・T・フォーサイス　斎藤剛毅 訳　ヨルダン社

【著者略歴】

松本雄司（まつもと ゆうじ）

1947年、大分県生まれ。1967年、中央大学在学中に統一原理に出会う。70年までCARPで学生伝道に携わり、卒業とともに開拓期の沖縄宣教に赴く。

以後、岡山、神奈川、北海道、東京、大阪、大分、鹿児島で責任者を歴任。

その間、全国壮年婦人部組織部長、世界文化体育大典日本組織委員会事務局長、本部伝道教育局長、1800双家庭会会長などを務める。

現在、家庭問題の研究とカウンセリングにあたり、執筆活動のほかフリーの講師として、全国で講演や講義をしている。

著書：『熱き祈祷のすすめ』（絶版）『賢い妻の家庭づくり』『氏族伝道論』『うまくいく夫婦仲の法則』『ほめられたい夫、愛されたい妻』『夫婦愛を育てる16のポイント』（すべて光言社刊）

天一国の生活信仰講座①
新・熱き祈祷のすすめ

2006年11月21日　初版発行
2021年 3 月17日　第7刷発行

著　者　松本雄司
発　行　株式会社　光言社
〒150-0042 東京都渋谷区宇田川町37-18
電話 03-3467-3105
印　刷　日本ハイコム　株式会社

ISBN　978-4-87656-430-9
落丁・乱丁本はお取り替えします。

2010000171417